# Entscheidungen

des

# Ober-Seeamts und der Seeämter

des

# Deutschen Reichs.

Herausgegeben

im

Reichsamt des Innern.

Sechster Band.

Heft. 4.

Hamburg.

Druck und Verlag von L. Friederichsen & Co.

1886.

# Inhalt.



(Fortsetzung folgt auf der dritten Seite des Umschlags.)

## 65. Spruch des Seeamts zu Hamburg vom 28. October 1885, betreffend den Seeunfall des Schraubendampfers „Alert“ von Hamburg.

Der Spruch des Seeamts lautet:

Der am 23. September 1885 stattgehabte Untergang des Dampfers „Alert“ bei Cap Torinaña und der hierbei erfolgte Tod des Schiffers Hans Detlef Adolph Hoepfner ist dadurch herbeigeführt, daß Schiffer Hoepfner seinen Curs zu nahe der spanischen Küste entlang setzte und dadurch auf die vor jenem Cap liegenden Felsen, vermuthlich den African Rock, gerieth.

Thatbestand. Der eiserne Schraubendampfer „Alert“, Unterscheidungssignal RDFP, mit einer Maschine von 420 indicirten Pferdekräften und einem Netto-Raumgehalt von 1639,2 cbm gleich 578,64 britischen Register-Tons, gehörte der Hamburger Rhedereifirma R. M. Sloman & Co. und wurde von dieser zu Fahrten zwischen Hamburg und den Mittelmeer-Häfen verwendet.

Die Büreau Veritas-Classe 3/3 G. 1. 1. war noch im März 1884 nach stattgefundener Besichtigung für das Schiff bestätigt worden.

Die Besatzung bestand eigentlich aus 21 Personen, einschließlich des Schiffers, doch war einer der Leute krank in Cette zurückgelassen worden.

Am 17. September 1885 verließ der Schraubendampfer „Alert“ Cette, um nach Hamburg zurückzukehren. Bis zum 23. September verlief die Reise ohne bemerkenswerthe Vorfälle. Man steuerte an diesem Tage unter dem Befehl des Schiffers Hoepfner nach Landpeilungen die nöthigen Curse längs der spanischen Küste auf Cap Finisterre zu.

Der erste Steuermann Tampke war einer schlimmen Hand wegen vom Dienst dispensirt und fungirte an seiner Stelle der seit 9 Jahren auf dem „Alert“ fahrende Bootsmann Ehlbeck. Dieser hatte an dem gedachten Tage die Vormittagswache gehabt und dieselbe um 12 Uhr an den zweiten Steuermann Lorenz abgegeben. Schiffer

Hoepfner hatte sich zum Schlafen in das Kartenhaus begeben. Um 3 Uhr erschien Hoepfner wieder auf der Brücke, gab dem zweiten Steuermann den Befehl, bei dem Malen des Backbordbootes behülflich zu sein, und blieb selbst auf der Brücke. Um 3 Uhr 30 Minuten kam Matrose Halvorsen an das Ruder und erhielt von Hoepfner den Curs NNO¼O. Während der nun folgenden Zeit war Schiffer Hoepfner nur ab und zu auf der Brücke, als das Ruder um 5 Uhr verfangen wurde, jedoch nicht. Halvorsen gab den obigen Curs an den Matrosen Kruse ab. Um diese Zeit passirte der „Alert" Cap Finisterre in etwa 5 Seemeilen Abstand, worüber vom zweiten Steuermann im Journal ein Vermerk gemacht wurde. Der erste Steuermann will sich, als Lorenz diese Eintragung vornahm, von der Richtigkeit der Position überzeugt haben. Ungefähr um 5 Uhr 30 Minuten erschien Schiffer Hoepfner wieder auf der Brücke, auf welcher sich bis dahin nur der Rudermann allein befand, ließ anstatt des früheren Curses NNO¾O steuern, dann NO¾N und endlich NOzO. Als das Schiff diesen Curs anlag, verließ Hoepfner wieder die Brücke. Inzwischen hatte Steuermann Lorenz das Malen des Bootes beendet, hatte das Deck aufklaren lassen, sich gewaschen und erschien um 6 Uhr 15 Minuten wieder auf der Brücke. Da Schiffer Hoepfner dort nicht anwesend war, ließ derselbe sich von dem Matrosen Kruse den Curs aufgeben, steckte dann noch die Seitenlichter an, da es bereits dunkelte, und gab, etwa 10 Minuten nach seiner Rückkehr auf die Brücke, dem Manne am Ruder den Befehl, einen viertel Strich nördlicher zu steuern, und nach weiteren 5 Minuten die Ordre, noch einen viertel Strich mehr vom Lande abzuhalten. Gleich darauf erschien Schiffer Hoepfner auf der Brücke, der Steuermann theilte ihm sofort mit, daß er einen halben Strich nördlicher habe steuern lassen, worauf Hoepfner erwidert haben soll, es sei gut. Geändert wurde der Curs nicht wieder. Etwa 3 bis 4 Minuten später stieß das Schiff plötzlich, ohne daß man Brandung bemerkt, mit voller Fahrt auf die Klippen, hob sich vorne zuerst bedeutend in die Höhe, wodurch der Fockmast brach, und fiel dann nach Backbord über. Als das Schiff aufstieß, soll Schiffer Hoepfner dem Steuermann Lorenz zugerufen haben: „Wie können Sie auch den Curs ändern!" Nach Aussage von Kruse soll diese Aeußerung schon gefallen sein, als Lorenz dem Schiffer von der durch ihn vorgenommenen Cursänderung Mittheilung machte, was indeß weniger glaubhaft ist, weil Hoepfner bei dem veränderten Curse verblieb. Es erfolgte nun der Befehl, die Boote klar zu machen. Das Backbordboot trieb, nachdem es aus den Klampen gelichtet war, von selbst vom Schiffe frei. Das Aussetzen des Steuerbordbootes machte dagegen mehr Schwierigkeit, doch gelang auch dies endlich. Das Wasser drang inzwischen schon aus den Luken. Nach dem Stoß wurde zunächst sofort die Maschine gestoppt, die Dämpfer geschlossen und die Sicherheitsventile geöffnet, welche hell abbliesen.

Die Schotten der Kohlenbunker waren offen, die übrigen Schotten geschlossen. Schon wenige Augenblicke nach dem Stoß strömte das Wasser in den Maschinenraum, so daß der dritte Maschinist, welcher das Schließen der Dämpfer besorgte, bis zur Brust in das Wasser kam. Das Hinterschiff blieb zunächst noch trocken. Als die Mannschaft in den Booten war, versuchte Schiffer Hoepfner mit dem zweiten Steuermann noch einige Kleidungsstücke und Proviant aus der Cajüte zu holen, wobei denselben das Wasser aber schon bis zur Brust reichte. Steuermann Lorenz ging nun ebenfalls in das Boot. Der erste Steuermann Tampke rief dem Schiffer noch zu, sich zu beeilen, worauf dieser ihm erwiderte, er habe Zeit genug, das Schiff stehe noch fest.

In diesem Augenblick brach aber der „Alert" auseinander und glitt von dem Felsen ab, den Schiffer, welcher sich durch einen Sprung in das Wasser zu retten versuchte, mit sich in die Tiefe ziehend. Die Boote blieben noch einige Zeit auf der Unglücksstätte, und gelang es ihnen dann, den Schiffer, welcher durch den Rettungsgürtel, den er angelegt hatte, wieder nach oben getrieben war, aufzufinden, doch blieben leider alle Wiederbelebungsversuche ohne Erfolg.

Der ganze Unfall verlief sehr rasch; von der Strandung bis zum Untergang des Schiffes verflossen kaum 20 Minuten. Alle Schiffspapiere, sowie das Journal sind verloren gegangen. Das Wetter war hell, die Küste stets in Sicht. Der Wind war leicht aus NNO, es stand daher kein Seegang, nur etwas Dünung.

Als die Strandung erfolgte, war der Mond gerade aufgegangen. Der „Alert" war anscheinend auf den vor Cap Torinaña liegenden African Rock aufgelaufen. Während der Nacht frischte der Wind auf. Am nächsten Morgen kamen die Boote in die Nähe von Cap Finisterre; da die Mannschaft ermüdet war, nahm dieselbe ein Boot an, welches sie ins Schlepptau nahm. Da die spanischen Grenzwächter die Boote hinter Cap Finisterre indessen nicht landen lassen wollten, ließen sich dieselben weiter nach Corcubion schleppen, wo man um 2 Uhr Nachmittags am 24. September ankam. Die Besatzung wurde darauf drei Tage auf einem im Hafen liegenden Fahrzeuge unter Quarantaine gelegt, nachdem vorher Schiffer Hoepfner von seiner Mannschaft beerdigt worden war. Einige der Schiffsleute sind später zu Lande nach Cap Torinaña hingeritten und haben von dort aus in einer Entfernung von etwa einer Seemeile vom Lande einen mastartigen Gegenstand aus dem Wasser ragen sehen, weitere Spuren ihres verunglückten Schiffes vermochten dieselben indeß nicht zu entdecken.

Gründe. Aus der obigen Darstellung geht hervor, daß die Strandung des „Alert" dadurch verschuldet ist, daß Schiffer Hoepfner sich auf seinem Curse zu sehr der Küste genähert hatte und daß er nach dem Passiren von Cap Finisterre den Curs zu frühzeitig ostwärts veränderte. Wodurch dieser Irrthum entstanden ist, hat sich, da der Mund des Schiffers geschlossen ist, mit Sicherheit nicht feststellen lassen. Zu erklären ist derselbe dadurch, daß Schiffer Hoepfner sich in der Entfernung vom Lande getäuscht und daß er sich überhaupt schon weiter vorausschätzte, als er wirklich mit seinem Schiffe gestanden hat. Die Aenderung des Curses wäre nach dem Passiren von Cap Torinaña und den in etwa einer Seemeile Abstand davorliegenden Felsen, auf welchen der „Alert" schließlich strandete, eine völlig correcte und sachgemäße gewesen, während dieselbe vor dem Passiren jenes Caps, nachdem man Cap Finisterre in nur 5 Seemeilen Abstand passirt hatte, nothwendig auf jene Felsen führen mußte. Daß Schiffer Hoepfner jene Felsen bei seiner langjährigen Fahrt an dieser Küste nicht gekannt haben sollte, kann nicht angenommen werden, waren dieselben doch selbst den Steuerleuten hinreichend bekannt. Zur Entschuldigung dieses Irrthums mag die Annahme dienen, daß bei dem nordöstlichen Winde eine von Norden kommende Strömung geherrscht und die Fahrt des Schiffes verzögert haben mag und daß möglicherweise der Strom dem Lande zugesetzt hat. Beweise hierfür hat die Verhandlung nicht erbracht. An und für sich waren aber die Verhältnisse der Art, daß bei hinreichender Aufmerksamkeit dieser Unfall hätte vermieden werden müssen.

Mehreren der Beisitzer des Seeamts ist Schiffer Hoepfner als ein besonders tüchtiger und bewährter Seemann bekannt gewesen, indeß der Vorwurf, daß er es im vorliegenden Falle an der nöthigen Sorgfalt habe fehlen lassen, kann ihm nach der Beweisaufnahme nicht erspart bleiben. Schiffer Hoepfner ist nicht mehr im Stande, seine Handlungsweise zu rechtfertigen, es dürfte demselben aber auch, wenn er am Leben geblieben wäre, schwer fallen, für das fast stundenlange Verlassen der Brücke, ohne vorher für genügende Vertretung gesorgt zu haben, eine ausreichende Entschuldigung zu finden.

Mag auch immerhin Matrose Kruse, wie vom Steuermann Lorenz bezeugt wird, ein höchst zuverlässiger Seemann gewesen sein und derselbe auch wohl den ihm aufgegebenen Curs richtig gesteuert haben, für die sichere Führung des Schiffes war aber entweder des Schiffers Anwesenheit oder diejenige seiner Offiziere auf der Brücke, selbst unter den gegenwärtigen günstigen Verhältnissen, absolut erforderlich. Daß hierin gefehlt worden, hat wesentlich mit dazu beigetragen, daß Schiffer Hoepfner sich in der Position seines Schiffes irrte.

Nach der Beweisaufnahme ist ferner nicht zu bezweifeln, daß die Oberleitung der Navigirung in den Händen des Schiffers Hoepfner lag, und es würde nur noch zu erörtern sein, ob nicht Steuermann Lorenz durch sein Verhalten den Unfall mit verschuldet hat.

Der Reichscommissar tadelt die vom Steuermann vorgenommene zweimalige Cursänderung unter dem Hinweis darauf, daß Lorenz nicht habe wissen können, ob nicht der Schiffer vielleicht beabsichtigte, zwischen dem festen Lande und den davorliegenden Felsen hindurch zu steuern, läßt demselben jedoch als Entschuldigung dienen, daß der Schiffer nicht auf der Brücke gewesen sei und daß letzterer später, als er auf die Brücke gekommen, den veränderten Curs habe weiter steuern lassen.

Auch das Seeamt würde unter anderen Verhältnissen das selbstständige Aendern eines vom Schiffer aufgegebenen Curses ohne vorherige Benachrichtigung desselben nicht gutheißen können. Im vorliegenden Falle lag die Sache aber anders. Als Steuermann Lorenz nach mehrstündiger Abwesenheit von der Brücke seine auf Befehl des Schiffers unterbrochene Wache wieder übernahm, mußte er von dem am Ruder befindlichen Matrosen den Curs, welcher eigentlich gesteuert wurde, erst erfragen, weil Schiffer Hoepfner nicht zugegen war. Auch dann beließ er es noch bei jenem Curse. Erst als ihm die noch im Dämmerlicht erkennbare Nähe des Landes bedenklich erschien, hielt er nach See zu ab. Hieraus demselben einen Vorwurf zu machen, unter der Annahme, Schiffer Hoepfner habe möglicherweise zwischen den Felsen und dem Festlande passiren wollen, erscheint nicht gerechtfertigt; denn abgesehen davon, daß ein so gewagtes Navigiren bei anbrechender Dunkelheit, wo kein Merkmal jene unter Wasser liegenden Felsen bezeichnet und wo nach den Segelanweisungen jene Gegend von den Felsen bis zur Küste — siehe Sailing Directions for the Coast of Spain and Portugal, London 1878, Seite 7 — als nicht rein bezeichnet wird, dem Schiffer Hoepfner nicht zugetraut werden kann, hätte derselbe doch gewiß, als er später die Aenderung des Curses erfuhr, den Steuermann Lorenz von dieser seiner Absicht in Kenntniß gesetzt und den alten Curs wieder aufnehmen lassen. Dies ist aber nicht geschehen.

Ob der Unfall vermieden worden wäre, wenn jene Cursänderung nicht vorgekommen, läßt sich nicht entscheiden, da die Mannschaft die Strandungsstelle mit völliger Sicherheit nicht zu bezeichnen vermochte. Ist die Strandungsstelle der African Rock gewesen, so ist es möglich, daß der alte Curs das Schiff frei vorbei geführt haben würde, obgleich dies nach den oben erwähnten Segelanweisungen immerhin noch zweifelhaft bleibt. Aus dem Zufall, daß dies nicht geschehen, kann dem Steuermann Lorenz kein Vorwurf erwachsen. Die Navigirung des „Alert" so nahe längs der Küste war unter allen Umständen ein Fehler, für den allein Schiffer Hoepfner die volle Verantwortung zu tragen hat. Die Beweisaufnahme hat auch hinlänglich ergeben, daß der zweite Steuermann von der eigentlichen Navigirung des Schiffes auf diesen Reisen durchaus keine Kenntniß hatte.

Schon vielfach ist bei seeamtlichen Verhandlungen der Umstand zu Tage getreten, daß die Navigirung auf deutschen Schiffen vielfach von dem Schiffer allein, höchstens noch unter Hinzuziehung des ersten Steuermanns besorgt wird, während die Offiziere unterer Chargen hieran nur selten theilnehmen. Das Seeamt hält es aber für durchaus wünschenswerth, daß, soweit es mit dem Dienst vereinbar ist, auch diejenigen Schiffsoffiziere stets zur Navigirung mit herangezogen werden, welche selbständige Wachen zu übernehmen haben.

Daß Steuermann Lorenz auf dem „Alert" zu Schiffsarbeiten herangezogen wurde, welche nicht zu den Functionen eines Steuermanns gehören, findet bezüglich der letzten Reise seine Erklärung in dem Ausfall zweier Mann der Besatzung. Als eine Ordnungswidrigkeit würde es zu bezeichnen sein, wenn dies, wie nach der Beweisaufnahme wohl angenommen werden muß, auch früher geschehen ist, da dies auf eine zu schwache Bemannung des Schiffes schließen läßt und hierdurch Unzuträglichkeiten wie im vorliegenden Falle herbeigeführt werden.

# 66. Spruch des Seeamts zu Hamburg vom 31. October 1885, betreffend den Seeunfall der Galiote „Elisabeth" von Hamburg.

Der Spruch des Seeamts lautet:

Der Untergang der am 18. Juli 1885 unweit Skagen im Kattegat gesunkenen Galiote „Elisabeth" ist dadurch herbeigeführt, daß dieselbe leck gesprungen ist. Die Ursache des Leckwerdens hat sich mit Sicherheit nicht ermitteln lassen.

Wenngleich das Verhalten des Schiffers Hagenah in mancher Beziehung zu tadeln ist, so war demselben doch die Befugniß zur ferneren Ausübung seines Gewerbes zu belassen.

Thatbestand. Die in Hamburg heimathberechtigte Galiote „Elisabeth", Unterscheidungssignal LDPF, war im Jahre 1863 in Nübbel erbaut, gehörte früher dem Schiffer Hein Blohm in Cranz-Neuenfelde und war im Juni 1885 durch Kauf in das Eigenthum des Schiffers Johann Wilhelm Hagenah übergegangen, welcher im Besitz eines Befähigungszeugnisses zum Schiffer auf kleiner Fahrt ist.

Das Schiff war vermessen zu 127 cbm = 44,84 britischen Register-Tons Netto-Raumgehalt, und laut Mittheilung des Büreau Veritas im März 1883 auf dem Lande und im December desselben Jahres auf flottem Wasser besichtigt und hatte auf Grund dieser vorgenommenen Besichtigungen und Oeffnungen bis zum December 1886 die Classe 5/6 P. 1. 1. erhalten. Eine Untersuchung des Schiffes bei dem Ankauf hatte Schiffer Hagenah nicht vornehmen lassen. Bei einer Taxe von 5000 M. war das Fahrzeug bei dem Assecuranzverein der Küstenfahrer zu Cranz mit 2166 M. und bei dem Assecuranzverein der Küstenfahrer zu Schulau mit 2000 M. versichert, 1/6 der Versicherungsgefahr lief der Schiffer selbst. Die Besatzung bestand aus dem Schiffer, einem Bestmann und einem Koch.

Nach der in Hamburg abgelegten Verklarung und den Depositionen der Mannschaft vor dem Seeamt nahm die Reise folgenden Verlauf.

Am 15. Juli 1885 Morgens 11 Uhr verließ die mit Pflastersteinen nach Hamburg beladene „Elisabeth" den Hafen von Halmstad in Schweden mit leichtem NNWWind und gutem Wetter. Am Abend des 16. Juli peilte man den Leuchtthurm von Hjelm NW per Compaß in 7 Seemeilen Abstand. Am 17. Juli war der Wind frisch aus südlicher Richtung. Um Mitternacht vom 17. auf den 18. Juli passirte man das Laesoe-Feuerschiff mit zunehmender südsüdwestlicher

Brise. Klüver, Fock und Gaffeltopsegel wurden alsdann festgemacht. Die Pumpen schlugen lenz. Um 4 Uhr Morgens am 18. Juli sprang der Wind nach Westen um. Skagen wurde zu jener Zeit im Norden per Compaß in 8 Seemeilen Abstand gepeilt. Man nahm zwei Reffe in den Besahn und in das Großsegel, da der Wind stürmischer geworden war, halste südwärts und holte um 5 Uhr das Stagsegel nieder. Die See ging hoch und das Schiff arbeitete schwer. Um Mittag peilte man den Leuchtthurm von Nord-Rönner auf Laesoe SzW in etwa 8 Seemeilen Entfernung und halste, da Wind und See abnahmen, nordwärts. Als man zu dieser Zeit die Pumpen ansetzte, fand man etwas mehr Wasser bei denselben, doch ließen sie sich gut lenz halten. Gegen 1 Uhr bemerkte man, daß das Schiff in seinen Bewegungen schwerfälliger wurde, man peilte die Pumpen und fand plötzlich zwei Fuß Wasser im Raum. Trotz unausgesetzten Pumpens nahm das Wasser im Schiffe beständig zu und sah die Besatzung sich gegen 2½ Uhr gezwungen, ihr Fahrzeug zu verlassen. Gleich darauf sank dasselbe vor ihren Augen in die Tiefe. Um 4 Uhr kam das Dampfschiff „Diana" in Sicht, nahm die Schiffbrüchigen, die von ihren Effecten nur wenig geborgen hatten, auf und landete sie Abends in Gothenburg. Das Journal und die Schiffspapiere sind mit dem Schiffe untergegangen.

Schiffer Hagenah hat über die Entstehungsursache des plötzlichen Lecks der „Elisabeth" Aufklärung nicht zu geben vermocht und angeführt, daß ein Aufsuchen des Lecks für ihn unmöglich gewesen sei, da bei dem hohen Seegange Gefahr vorhanden gewesen wäre, durch Oeffnen der Luken von oben voll zu schlagen. Das Schiff sei in gutem Zustande gewesen und schreibe er das plötzliche Leckwerden dem schweren Arbeiten des Schiffes zu.

Die über die Beladung der „Elisabeth" angestellten Ermittelungen haben ergeben, daß dieselbe in üblicher Weise unter Aufsicht der eigens hierzu bestellten sogenannten Vormänner vor sich gegangen ist. Die Steinschiffe liegen vor Halmstad auf offener Rhede vor Anker. Die Ladung wird in Booten langsseits gebracht, die einzelnen Steine bei dem Uebernehmen auf eine im Raum befindliche hölzerne Unterlage gebracht, um eine Beschädigung der Wegerung zu vermeiden und dann einzeln verstaut. Auf diese Weise kommen dieselben ohne Erschütterung des Fahrzeuges in den Raum.

Die Ladung wird nach Quadratmetern beziehungsweise nach dänischen Quadratfaden ausgemessen, welches Maaß mit dem deutschen rheinländischen Maaß übereinstimmt, und wird auch nach dem eingenommenen

Flächenmaaß die Fracht bezahlt, die im vorliegenden Falle laut Chartepartie 8,50 M. für den dänischen Quadratfaden betrug. Das Ausmessen der Ladung geschieht in der Weise, daß die Steine in einem Rahmen mit dem breiten Ende nach unten aufgestellt und dann berechnet werden. Von jeder Ladung werden indeß nur einige Faden aufgemessen, der übrige Theil der Ladung wird durch Zählung der Steine festgestellt. Eine genaue Ermittelung des Gewichts findet nie statt.

Nach den von den Abladern der Ladung der Actien-Steinhauerei zu Halmstad gemachten Mittheilungen soll das von der „Elisabeth" eingenommene ungefähre Gewicht 1700 Centner (deutsches Gewicht) betragen oder nach specificirter Angabe aus 5800 Stück Kopfsteinen bestanden haben, welche 193 □-Meter = 54,3 dänische □-Faden maßen. Auch soll die „Elisabeth" Steine erster Classe geladen haben.

Die über jene Ladung der „Elisabeth" abgeschlossene Chartepartie vom 10. Juni 1885 lautet indeß nur über 1500 Centner und Kopfsteine zweiter Sorte.

Schiffer Hagenah hat in der Verhandlung vor dem Seeamt nicht anzugeben vermocht, welche Sorte von Steinen er geladen habe. Nach Ankunft in Halmstad habe er sich bei den Befrachtern mit seiner Chartepartie gemeldet und zweifle er nicht daran, daß er die in jenem Document vereinbarte Sorte Steine erhalten habe. Um die Qualität der Ladung habe er sich speciell nicht gekümmert. Mit Laden habe er aufgehört, als der ihm von dem früheren Eigenthümer für das Schiff angegebene Tiefgang von ungefähr 7½ Fuß erreicht sei. Bei diesem Tiefgange habe sein Schiff einschließlich des 3 bis 3½ Zoll dicken Leibholzes eine Auswässerung von 6 Zoll gehabt und auf ebenem Kiel gelegen. Der auf Halmstad-Rhede stehenden Dünung wegen sei der Tiefgang auf 1 bis 2 Zoll nicht auszumachen gewesen, die 7½ Fußmarke sei indeß noch eben aus dem Wasser gewesen. Die Angaben über den Tiefgang werden von dem Bestmann Richters bestätigt.

Schiffer Hagenah bestreitet entschieden, ein Gewicht von 1700 Centner deutsches Gewicht geladen zu haben, auch Schiffer Blohm hält es nicht für möglich, daß die „Elisabeth" 1700 Centner habe laden können. Bei 7 Fuß 3 bis 4 Zoll Tiefgang und 5 bis 6 Zoll Auswässerung habe er ein Durchschnittsgewicht von 1500 Centner geladen. Zu den Acten gelangte alsdann ein Conossement, demzufolge die „Elisabeth" im Juli 1883 6592 Stück Kopfsteine zweiter Sorte gleich 200 □-Meter von Halmstad nach der Elbe gebracht hat, somit zu jener Zeit 792 Stück = 7 □-Meter mehr geladen hatte, als auf der in Rede stehenden letzten Reise. Das Gewicht dieser Ladung soll nach Blohms Aussage 1520 Centner betragen haben.

Durch Vermittelung des Kaiserlich deutschen Consulats zu Helsingborg hat das Seeamt die von den Abladern in Halmstad gemachten Angaben einer näheren Prüfung unterzogen.

Nach den an Ort und Stelle des Ladeplatzes stattgehabten Ermittelungen, welche darin bestanden, daß von den Angestellten jener Gesellschaft angeblich von derselben Stelle, von welcher die „Elisabeth" ihre Ladung erhalten, 3 □=Meter Kopfsteine aufgewogen wurden, stellte sich das Gewicht jener Partie Steine auf 27 Centner, mithin für das von der „Elisabeth" geladene entsprechende Quantum auf 1736 Centner. Gleichzeitig bescheinigten jene Angestellten der Halmstäder Steinhauerei aber auch, daß ihnen nicht aufgefallen sei, daß die „Elisabeth" bei ihrem Abgange von Halmstad tiefer geladen gewesen wäre, als andere Schiffe der gleichen Art.

Wie in Halmstad, so hat auch hier am Platze durch die Designatäre jener Ladung, die Firma Witt & Kramer, eine Aufmessung Halmstäder Kopfsteine erster und zweiter Sorte stattgefunden, und würde sich nach dieser Aufmessung das für die „Elisabeth" berechnete Gewicht nach Maßgabe der mitgetheilten Flächenmaaße für die erste Sorte auf 1668 Centner und für Steine zweiter Sorte auf 1534 Centner stellen.

Es sind dann von dem Seeamt als sachverständige Zeugen, insbesondere über die aus der Untersuchung sich ergebende Thatsache, daß Steinladungen gleicher Sorte an sich schon im Gewicht sehr differiren, die Schiffer Woltmann sr. und Woltmann jr. aus Spitzerdorf an der Elbe vernommen, von welchen ersterer der Begründer des ausgedehnten Steingeschäfts nach der Elbe ist. Beide Zeugen bestätigen, daß die Ladungen in Halmstad nie gewogen werden und die Differenz im Gewicht theils aus der Verschiedenartigkeit der Granite selbst sich erkläre, indem beispielsweise der blaue Granit schwerer sei als der gelbe, beide Arten dieses Gesteines aber sich unter den Steinen erster und zweiter Sorte befänden, theils aber auch von dem verschiedenen Behauen der Steine herrühre, wodurch diese eine tiefere oder flachere Form erhielten und nach unten hin nicht gleichmäßig spitz ausfielen.

Aus mehreren von diesen Zeugen zu den Acten gebrachten Conossementen über Steinladungen ergab sich, daß jene Ladungen bis zu 10 % bei behauptetem gleichen Tiefgange differirten.

Ueber die Tragfähigkeit hat das Seeamt den Schiffsvermesser

Hinsch gutachtlich gehört, welcher bei seinen Berechnungen zu dem Resultat gelangt, daß die „Elisabeth" bei einer Beladung mit 1551 Centner à 100 Skalpfund 6½ Zoll Freibord, bei einer Beladung mit 1700 Centner aber nur einen solchen von 3 7/12 Zoll gehabt haben würde.

Der Reichscommissar hat nach Schluß der Beweisaufnahme gegen den Schiffer den Antrag auf Entziehung der Gewerbebefugniß gestellt, indem er demselben den Vorwurf macht, sein Schiff überladen zu haben. Gefolgert wird dies aus den eidlich bekräftigten Aussagen der Beamten jener Steinhauerei-Gesellschaft, nach welchen die Ladung der „Elisabeth" auf 1700 Centner deutsches Gewicht zu berechnen sei. Da der frühere Eigenthümer sein Schiff nur bis 7 Fuß 3 bis 4 Zoll weggeladen und bei dieser Beladung ungefähr 1500 Centner im Schiffe gehabt habe, die „Elisabeth" dagegen bei Antritt ihrer letzten Reise bis 7½ Fuß Tiefgang beladen gewesen sei, so sei der Unterschied dieses Tiefganges von 2 bis 3 Zoll genau das, um was die „Elisabeth" in Folge der Mehrbelastung mit 200 Centner habe tiefer gehen müssen.

Gründe. Das Seeamt kann dieser Argumentation des Reichscommissars nicht beitreten.

Geht man zunächst von der auch vom Reichscommissar als feststehend angenommenen Thatsache aus, daß die „Elisabeth" bei einem Tiefgange von 7 Fuß 3 bis 4 Zoll und einer Auswässerung von 6 Zoll mit 1500 Centner beladen gewesen sei, so ergiebt die nachstehende Berechnung, daß der Tiefgang bei einer Mehrbelastung von 200 Centner sich nicht um 2 bis 3 Zoll, sondern um 5¼ Zoll vergrößert haben muß.

Nimmt man nämlich die Länge des Schiffes in der Wasserlinie auf ungefähr 18 Meter an und die Breite desselben auf 5,10 Meter, so ergiebt sich der Inhalt der Wasserlinie (unter Annahme des Völligkeitsgrades d. h. des Coefficienten, mit welchem das umschriebene Rechteck zu multipliciren ist, auf 0,85) auf 7¼ Fuß Tiefgang gleich 18 Meter × 5,10 Meter × 0,85 = 78,03 □-Meter, folglich 78,03 □-Meter × 0,01 Meter = 0,7803 Cubicmeter auf einen Centimeter vergrößerten Tiefgang.

Hieraus folgt dann wieder:

0,7803 × 2050 (Gewicht des Seewassers per Cubicmeter) = 1600 Pfund Tragfähigkeit des Schiffes per Centimeter. Wenn 1600 Pfund das Schiff einen Centimeter tiefer drücken, so wird dasselbe durch

200 Centner = 20 000 Pfund um 12,5 Centimeter tiefer gedrückt oder um 5 1/4 Zoll hamburgisches Maaß.

Die „Elisabeth" müßte hiernach also bei einer Mehrbelastung von 200 Centner einen Tiefgang von 7 Fuß 9 1/4 Zoll erreicht haben und mit dem Schanddeckel nahezu zu Wasser gelegen haben, was den bezeugten Thatsachen widerspricht.

In dieser Beziehung kann auch die Berechnung des Sachverständigen Hinsch für das Seeamt nicht maßgebend sein, welcher schon bei 1551 Centner schwedischen Gewichts = 1318 Centner deutschen Gewichts einen Freibord von 6 1/2 Zoll für die „Elisabeth" normirt, während dieselbe bezeugtermaßen bei 1500 Centner deutschem Gewicht noch eine Auswässerung von 6 Zoll gehabt hat.

Ergiebt sich nun schon aus der obigen Berechnung, daß die Annahme, die „Elisabeth" habe 1700 Centner deutsches Gewicht geladen, keine richtige sei, so hat sich auch aus der Beweisaufnahme zur Genüge ergeben, daß aus der bei der Verladung vorgenommenen Aufmessung einer bestimmten Partie Steine noch nicht mit Sicherheit auf das Gewicht der gesammten Ladung geschlossen werden kann. Nach den Aussagen der vernommenen Zeugen, an deren Glaubhaftigkeit das Seeamt zu zweifeln nicht den mindesten Grund hat, werden jene Steine nie gewogen, sondern behufs Berechnung der Fracht nur gemessen. Das von der Steinhauerei in Halmstad aufgegebene Gewicht ist daher nur ein approximatives. Wie verschieden nun das Gewicht der Steine an sich ist, hat sich hinlänglich sowohl durch die in Halmstad und hier am Platze vorgenommenen Aufwiegungen gezeigt, welche für beide Sorten Steine eine erhebliche Differenz im Gewicht ergeben haben, wie auch durch die beigebrachten Conossemente über den verschiedenen Ausfall der Ladungen derselben Schiffe bei gleichem Tiefgange.

Keinenfalls ist aber aus der nachträglich in Halmstad vorgenommenen Aufwiegung einer Partie Steine, welche angeblich von demselben Bruch genommen sein soll, aus welchem die Ladung der „Elisabeth" stammte, ein Beweis dafür zu entnehmen, daß ein gleiches Maaß der Ladung der „Elisabeth" auch ein entsprechendes Gewicht gehabt habe.

Unter solchen Umständen kann es auch dahin gestellt bleiben, ob in der „Elisabeth" Steine erster Sorte, wie das Schreiben aus Halmstad behauptet, oder zweiter Sorte, wie die Chartepartie angiebt, zur Verladung gekommen sind. Hält man daran fest, daß das Schiff einen Tiefgang von 7 1/2 Fuß und eine Auswässerung von 6 Zoll gehabt hat, so ist dasselbe zwar immerhin reichlich stark beladen, aber nicht überladen gewesen, zumal wenn man hierbei die Eigenartigkeit der Bauart jener Schiffe in Betracht zieht. Ueberdies wird auch durch jenes aus Halmstad eingesandte Attest bezeugt, daß die „Elisabeth" bei ihrem Inseegehen nicht schwerer beladen gewesen, als wie es bei Fahrzeugen der gleichen Construction Gebrauch sei.

Diese Ausführungen zeigen vor allem, wie unsicher die bezüglich des Gewichts der Ladung der „Elisabeth" angestellten Ermittelungen sind. Das Seeamt hat daher auch nicht die Ueberzeugung gewinnen können, daß eine Ueberladung des Schiffes stattgefunden und daß zwischen einer solchen und dem durch das Leckwerden herbeigeführten Untergange des Schiffes ein ursächlicher Zusammenhang besteht.

Ueber die Ursachen des Leckwerdens hat Genaueres nicht festgestellt werden können. Das Schiff ging am 15. Juli in See, wurde schon am 17. von stürmischen Winden betroffen, ist dann bis zum Mittag des 18. Juli völlig dicht gewesen, zu welcher Zeit Wind und See an Stärke abnahmen, und erst gegen 1 Uhr, nachdem das schlechte Wetter überstanden, bemerkte man an den schwerfälliger werdenden Bewegungen das plötzliche Leckwerden des Schiffes. Will man nun auch annehmen, daß das Leckspringen des Schiffes in Folge des durch die unbequeme Ladung hervorgerufenen, besonders starken Arbeitens desselben entstanden ist, so folgt noch nicht mit Nothwendigkeit, daß dies in einer übermäßigen Belastung des Schiffes seinen Grund haben muß, sondern man wird auch zugeben müssen, daß ein plötzliches Leckspringen, namentlich bei in so hohem Alter befindlichen Schiffen, auch unabhängig von der Ladung entstehen kann und daß dies an sich nicht etwas so Auffälliges ist.

Daß zur Ermittelung der Ursachen des Lecks und zur Verstopfung desselben nicht wohl etwas geschehen konnte, erscheint glaublich, und gleichfalls, daß nach Entstehung des Lecks nichts Wesentliches versäumt ist, um das Sinken zu verhindern. Ein Verschulden des Schiffers ist in dieser Beziehung nicht nachweisbar. Dagegen hat die Beweisaufnahme in anderer Hinsicht Manches ergeben, was an dem Verhalten des Schiffers zu tadeln ist.

In erster Linie ist zu rügen, daß Schiffer Hagenah sich so wenig um die Befrachtung seines Schiffes gekümmert hat, daß er nicht einmal im Stande war, anzugeben, ob er Steine erster oder zweiter Sorte erhalten habe. Wenn von ihm auch nicht eine specielle Kenntniß der Unterschiede der Granite zu erwarten ist, so hatte derselbe doch hinlänglich Gelegenheit, sich darüber an Ort und Stelle zu informiren.

Zu rügen ist ferner, daß Hagenah nicht vorsichtiger bei dem

Beladen seines Schiffes verfahren ist. Er konnte die Seefähigkeit desselben noch nicht hinreichend kennen und hätte es unter allen Umständen vermeiden sollen, dasselbe schon auf dieser Reise bis zur Grenze der Tiefladeмarke zu belasten.

Die Beweisaufnahme hat dann ferner ergeben, daß Schiffer Hagenah den Zustand seines erst kürzlich erworbenen Schiffes nur sehr oberflächlich kannte und daß er dasselbe, obwohl es 22 Jahre alt war und ihm Specialkenntnisse in dieser Hinsicht fehlten, doch nicht auf die bauliche Beschaffenheit untersuchen ließ.

So unüberlegt und unvorsichtig dies Verfahren des Schiffers auch erscheint, so ist doch bei Bemessung seines Verhaltens in Betracht zu ziehen, daß Hagenah nur die Befähigung zum Schiffer auf kleiner Fahrt besitzt, mithin ist an sein Verhalten auch ein wenig strengerer Maßstab zu legen.

Nach den vorstehenden Ausführungen mußte auch der von dem Reichscommissar gestellte Antrag, die Entziehung der Gewerbebefugniß gegen den Schiffer auszusprechen, abgelehnt werden.

## 67. Spruch des Seeamts zu Rostock vom 6. November 1885, betreffend den Seeunfall der Brigg „Sophia Maria" von Rostock.

Der Spruch des Seeamts lautet:

Der am 8. August 1885 auf der Reise der Brigg von Haparanda nach Dundee erfolgte Tod des Steuermanns Franz Schipplock aus Stralsund und des Decksjungen Otto Grimmitz aus Warnemünde ist dadurch verursacht, daß der Letztere beim Losmachen des Bramsegels in die See stürzte, der Erstere ihm nachsprang, um ihn zu retten und beide dann ertranken, ehe das ihnen zu Hülfe gesandte Schiffsboot sie erreichte. Hätten sich an Bord des Schiffes Rettungsapparate befunden, was nicht der Fall war, so würden wahrscheinlich beide Verunglückte gerettet worden sein.

Im Uebrigen hat der Schiffer Alles gethan, was sonst zur Rettung derselben hätte beitragen können.

Die Vorschriften der §§. 61 und 62 des Reichsgesetzes, betreffend die Beurkundung des Personenstandes, sind beachtet.

Gründe. I. In heutiger Hauptverhandlung ist Nachstehendes thatsächlich festgestellt:

Am 5. August 1885 verließ die in Rostock beheimathete Brigg „Sophia Maria", Schiffer O. H. Blanke, mit einer aus Latten und Brettern bestehenden, zum Theil auf Deck verstauten Ladung Haparanda, um nach Dundee zu segeln. Schiffer Blanke führte die Brigg erst seit dem Frühling 1885 und war nur interimistisch, als Setzschiffer, angenommen. Unter den zur Mannschaft gehörigen 7 Personen befanden sich

1. der Steuermann Franz Schipplock aus Stralsund, 22 Jahre und 4 Monate alt, und
2. der erst Anfang Juli 1885 an Bord gekommene Decksjunge Otto Grimnitz aus Warnemünde, 14 Jahre und 9 Monate alt.

Am 8. August Vormittags lag die Brigg mit WNW½WCurs an bei frischer Brise aus SWzW. Die See ging, da es am Tage vorher gestürmt hatte, noch ziemlich hoch. Vormittags 11 Uhr sandte der Steuermann, welcher die Wache hatte, während der Schiffer in die Cajüte gegangen war, den Jungen Grimnitz nach oben, um das Bramsegel los zu machen. Als dieser hiermit auf der Luvseite begann, rief ihm der Steuermann zu, er solle nach der Leeseite hinüber gehen und dort anfangen. Der Junge kam auch der ihm ertheilten Weisung nach, verlor aber dabei das Gleichgewicht und stürzte auf der Leeseite in die See. Der Steuermann ließ sofort das Ruder hart Steuerbord legen, worauf die Brigg in den Wind schoß. Gleichzeitig ließ er den Schiffer und die in der Koje befindlichen Leute rufen. Noch ehe dieselben auf Deck kamen, tauchte Grimnitz im Kielwasser, unmittelbar am Heck, mit blutüberströmtem Gesicht empor. Man warf ihm, da weder ein Rettungskranz noch sonstige Rettungsapparate an Bord vorhanden waren, ein Tauende zu, welches der Junge jedoch, weil es zu kurz war, nicht erfassen konnte. Da zog der Steuermann, ein guter Schwimmer, den Rock aus und sprang dem Jungen nach; dieser umklammerte zunächst die Arme des Steuermanns und als letzterer sich gewaltsam von ihm frei gemacht hatte, dessen Beine, so daß der Steuermann sich nur durch Armbewegungen über Wasser zu halten vermochte. Von Bord aus warf man demselben Bretter zu, von denen aber nur ein etwa 9 Fuß langes ihm so nahe kam, daß er es erreichen konnte. Als er es jedoch an einem Ende erfaßte, schlug es mit dem anderen Ende in die Höhe und entschlüpfte ihm wieder. Inzwischen war die übrige Mannschaft eifrig bemüht, das kleine Boot zu Wasser zu bringen. Da indeß erst die Nothregeling oberhalb der Deckslast entfernt werden mußte, so vergingen hierüber fast 10 Minuten, und als dann 3 Mann in dem Boote an die Unglücksstelle eilten, fanden sie keine Spur mehr von den beiden Verunglückten. Sie suchten nach denselben eine halbe Stunde lang und kehrten dann an Bord der Brigg zurück, welche nun ihre Reise fortsetzte. Schiffer Blanke trug die Todesfälle nach Maßgabe des §. 61 des Reichsgesetzes über die Beurkundung des Personenstandes zum Schiffsjournal ein, wobei er den Matrosen Lindquist und den Jungmann Hoft hinzuzog, und überreichte 4 von ihm beglaubigte Abschriften dieses Eintrags in Swinemünde, welches er anlief, weil er krankheitshalber die Führung des Schiffes aufgeben mußte, der dortigen Polizeibehörde zwecks weiterer Communication mit den Standesämtern, in deren Bezirken die Verstorbenen ihren Wohnsitz hatten.

II. Nach den Feststellungen unter I kann es nicht zweifelhaft sein, daß die genannten beiden Leute ihren Tod in den Wellen gefunden haben. Seitens des Schiffers und der übrigen Besatzung ist Alles gethan, was unter den obwaltenden Umständen zu deren Rettung geschehen konnte. Dabei läßt sich indeß nicht verkennen, daß die letztere wahrscheinlich gelungen wäre, wenn sich die nöthigen Rettungsapparate an Bord befunden hätten. Denn da der Junge unmittelbar am Heck an die Oberfläche kam, so ist anzunehmen, daß man ihn mit einem Rettungskranze erreicht haben würde. Die erforderlichen Rettungsapparate gehören nach Ansicht des Seeamts zur ordnungsmäßigen Ausrüstung eines Schiffes, und schon deshalb sind die Rhedereien und die Schiffer verpflichtet, für deren Anschaffung und Instandhaltung zu sorgen.

Wenn dies im vorliegenden Falle nicht geschehen ist, so trägt hierfür Schiffer Blanke mit die Verantwortung, welche jedoch um deswillen als eine weniger schwere zu betrachten ist, weil er als Setzschiffer nur vorübergehend mit der Führung des Schiffes betraut war.

Wie die Erfahrung lehrt, lassen Rhedereien und Schiffer die ihnen obliegende mehrerwähnte Pflicht vielfach außer Acht und zahlreiche Todesfälle dürften auf solche Pflichtversäumniß zurückzuführen sein. Das Seeamt steht daher nicht an, eine gesetzliche Bestimmung, welche die Rhedereien und Schiffer unter Androhung von Strafen zum Beschaffen und Instandhalten der erforderlichen Rettungsapparate verpflichtet, als ein dringendes Bedürfniß zu bezeichnen.

## 68. Spruch des Seeamts zu Bremerhaven vom 14. November 1885, betreffend den Seeunfall der Schoonergaliote „Metis" von Bremerhaven.

Der Spruch des Seeamts lautet:

Auf Grund der stattgehabten Ermittelungen ist anzunehmen, daß die Strandung der Schoonergaliote „Metis" an der Insel Bremö am 23. October 1885, welche den Verlust des Schiffes zur Folge gehabt hat, dadurch herbeigeführt ist, daß das Schiff bei Windstille durch die hohe See und eine in östlicher Richtung setzende Strömung gegen die Küste von Bremö getrieben ist. Andere Umstände, welche von Einfluß auf die Strandung gewesen sein könnten, sind nicht ermittelt.

Gründe. Die Schoonergaliote „Metis", Unterscheidungssignal NDLB, Heimathshafen Bremerhaven, war im Jahre 1854 erbaut und hatte eine Ladungsfähigkeit von 414,5 cbm oder 146,32 britischen Register-Tons. Das Schiff hatte seit dem Jahre 1882 keine Classe. Vorher war es im Büreau Veritas classificirt gewesen. Der Schiffsmakler J. H. Bösch in Bremerhaven, welcher seit Anfang des Jahres 1885 Rheder des Schiffes ist, hat angegeben, daß er die Ertheilung einer Classe um deswillen nicht nachgesucht habe, weil es von vornherein Absicht gewesen sei, das Schiff unversichert fahren zu lassen. Nach Erwerb des Schiffes seitens des Bösch war die Schiffsführung an den Schiffer J. E. Dringenberg aus Neßmersiel, welcher sich seit 1863 im Besitz der Berechtigung als Schiffer auf großer Fahrt befindet, jedoch bislang nicht als Schiffer, sondern nur als Steuermann gefahren hatte, übertragen worden.

Die seitdem mit dem Schiffe von Geestemünde aus nach Sannesund (Norwegen), Kotka (Rußland) und Riga unternommenen drei Reisen waren sämmtlich günstig verlaufen. Das Schiff machte, abgesehen davon, daß es auf der Fahrt von Kotka nach Geestemünde etwas mehr leckte, als gewöhnlich, nur sehr wenig Wasser, so daß es zum Lenzhalten genügend war, wenn in jeder Wache etwa 2 bis 3 Minuten lang mit einer Pumpe gepumpt wurde. Nach Rückkunft von der Reise nach Kotka wurde das Schiff in Geestemünde nachgesehen, und auf der Reise nach Riga war dasselbe dann wieder gut dicht.

Nach Beendigung der obenbezeichneten Reisen segelte das Schiff von Geestemünde nach Sundswall. Bei der Ausfahrt bestand die Besatzung aus 6 Mann, der gewöhnlichen Zahl; während der Reise verunglückte jedoch der Matrose Hermann Decken aus Ostrhauderfehn dadurch, daß er beim Segelfestmachen von der Marsraa auf Deck fiel und sofort todt war. Im Uebrigen verlief die Ausreise ohne Unfälle. In Sundswall machte der Schiffer den Versuch, für den verunglückten Mann Ersatz zu bekommen, sah aber schließlich von der Anmusterung eines neuen Schiffmannes ab, weil ein solcher nur unter der Bedingung freier Rückbeförderung nach Sundswall zu haben war. Die Besatzung bestand nunmehr aus dem obengenannten Schiffer, dem Steuermann auf großer Fahrt Dinkla, dem Matrosen Peters, dem Leichtmatrosen Ulrichs und dem Jungen Heuermann.

Nach Entlöschung der für Sundswall bestimmten Ladung fuhr das Schiff nach dem in der Nähe belegenem Orte Eriksdahl und nahm daselbst eine aus 138 Last bestehende Ladung Bretter ein, von welchen 124 Last unter Deck, der Rest auf Deck untergebracht wurde. Die Ladung war nach Geestemünde bestimmt und soll einer dem Schiffer in Eriksdahl gemachten Mittheilung zufolge versichert gewesen sein. Das Schiff hatte nach Einnahme derselben einen Tiefgang von 11 Fuß vorn und 10 Fuß 9 Zoll hinten.

Nach Beendigung der Beladung wurde die „Metis“ am 22. October Morgens durch einen Dampfer von Eriksdahl nach der Rhede von Sundswall geschleppt und darauf, nachdem der Dampfer um 10 Uhr Vormittags das Schiff verlassen hatte, Curs nach See gesetzt. Ein Lootse war nicht an Bord. Das Wetter war klar; es wehte eine frische nördliche Brise bei hohem Seegange. Um 11 Uhr Vormittags wurde Draghällan in einem Abstande von 3 bis 4 Kabellängen passirt. Der nunmehr gesteuerte Curs war SOzO ½O nach dem Compaß; zwischen 11 und 12 Uhr wurde es dick von Schnee, worauf die kleinen Segel festgemacht wurden. Um 2 Uhr 30 Minuten klarte es wieder auf und um 5 Uhr wurde der Feuerthurm von Bremö im Süden gepeilt, unter Abschätzung der Entfernung desselben auf 8 Seemeilen. Daß diese Entfernung um ein Erhebliches zu groß angenommen ist, ergiebt sich aus der Seekarte, welche dem Seeamt vorgelegen hat. Der Schiffer hat dies zugeben müssen. Auf dem Schiffe ist eine andere Karte benutzt worden. Da der Wind zur Zeit der Peilung von Bremö-Feuerthurm an Stärke zugenommen hatte, sollte das Großsegel gerefft werden, doch unterblieb dies, weil der Wind gleich darauf wieder schwächer wurde. Derselbe wurde jetzt unbeständig, sprang zwischen NNO und SO hin und her und blieb schließlich auf SO stehen. Es wurde den Umständen nach gehalst. Wenden wollte das Schiff nicht mehr in Folge des hohen Seeganges aus Ost und OSO. Um 6 Uhr wurde Bremö-Feuer SW unter Abschätzung der Entfernung auf 4 Seemeilen und um 8 Uhr Abends West unter Abschätzung der Entfernung auf 9 Seemeilen gepeilt. Zur Zeit dieser Peilungen war es, obwohl zwischendurch einige Schneeböen eingetreten waren, noch ziemlich klar, bald nach 8 Uhr wurde es aber dick von Schnee und blieb dann so. Etwas vor 8 Uhr war Windstille eingetreten, so daß trotz Beisetzens aller Segel kein Steuer im Schiff war. Die Windstille dauerte bis 12 Uhr 30 Minuten Nachts. Der starke Seegang hielt während dieser Zeit an. Nach Angaben, welche dem Schiffer später an Land gemacht sind und durch eine vom Schiffer beigebrachte Bescheinigung des Lootsen-Obermannes und eines Lootsen in Bremö bestätigt werden, hat in der fraglichen Nacht bei Bremö eine nordöstliche bezw. östliche Strömung geherrscht.

Um 12 Uhr Nachts übernahm der Steuermann die Wache. Der Schiffer begab sich darauf nach unten, um ein wenig zu schlafen, kam aber nach Verlauf von etwa einer halben Stunde aus eigenem Antriebe wieder an Deck. Um diese Zeit war ein schwacher Windzug aus OSO durchgekommen, wodurch das Schiff wieder etwas Steuerung erhielt. Dasselbe lag dann NO an; der Fortgang betrug ½ bis höchstens 1 Seemeile in der Stunde. Es herrschte noch hoher Seegang und die Luft war so dick von Schnee, daß man keine Schiffslänge weit sehen konnte. Gleich nachdem der Schiffer an Deck gekommen war, nahm derselbe dem Leichtmatrosen Ulrichs das Ruder ab und beauftragte den letzteren mit dem Festmachen der kleinen Segel. Der Steuermann nahm an dieser Arbeit Theil.

Etwa um 1 Uhr Morgens (23. October) sah der Schiffer etwa 3 Strich an Backbord voraus in einer Entfernung von 4 bis 5 Schiffslängen Brandung und unmittelbar darauf auch Land. Er drehte das Ruder sofort zum Halsen hart Steuerbord und gab den Befehl das Großsegel wegzunehmen. Das Schiff fiel langsam ab, als es jedoch 2 bis 3 Striche abgefallen war, stieß es auf einen Felsen und saß fest. Von dem Erblicken der Brandung bis zum Aufstoßen waren 1 bis 1½ Minuten verflossen. Nach dem Aufstoßen wurden zunächst die Segel heruntergefiert. Darauf wurde der Wasserstand nachgesehen und festgestellt, daß unter Deck nur noch ein Raum von etwa 3 Fuß wasserfrei war. Das Ansetzen der Pumpen wurde unter diesen Umständen für nutzlos gehalten. Nach etwa einer halben Stunde wurde das Schiff wieder flott und darauf durch die Brandung der Küste zugetrieben, wobei es fast unausgesetzt auf Steine stieß. Etwa 20 Faden vom Lande entfernt blieb es festsitzen, stieß aber auch jetzt noch hart auf. Weil befürchtet wurde, daß das Schiff, welches schwer arbeitete und sich bereits stark auf die Seite gelegt hatte, kentern würde, wurde der Fockmast gekappt. Das Schiff war inzwischen ganz voll Wasser gelaufen und die Lage desselben war nach Ueberzeugung der Besatzung jetzt eine solche, daß es als unrettbar verloren anzusehen war. Das Ausbringen eines Ankers, um das Schiff abzuhieven, wäre nach Ansicht der vernommenen Zeugen sowohl jetzt wie vorher unter Berücksichtigung des hohen Seeganges nicht nur nutzlos, sondern auch unausführbar gewesen. Lothungen sind in der fraglichen Nacht nicht vorgenommen. Der Schiffer hielt das Lothen für überflüssig, weil er sich in größerer Entfernung vom Lande zu befinden glaubte. Außerdem würden nach Angabe von Schiffer und Steuermann Lothungen nichts genützt haben, weil einerseits das Schiff bei dem hohen Seegange nicht hätte ankern können und andrerseits während der letzten Stunden vor der Strandung nicht soviel Steuer im Schiff gewesen ist, daß ein Abhalten vom Lande ausführbar gewesen wäre. Die Strandungsstelle befindet sich auf der Insel Bremö etwa 1½ Seemeilen SSW vom Feuerthurm.

Nach Tagwerden gelang es einigen Leuten von der Besatzung, vermittelst des über Bord gesetzten und sodann von der See an Land geworfenen kleinen Bootes eine Leinenverbindung mit dem Lande herzustellen, durch welche dann auch eine Rettung der übrigen Schiffsleute ermöglicht wurde. Auf der Insel fanden die Schiffbrüchigen freundliche Aufnahme. Im Laufe des nämlichen Tages begab sich die Schiffsbesatzung in Begleitung mehrerer Leute vom Lande in Booten nach dem Schiffe zurück, um noch so viel als möglich vom Inventar und der Ladung zu bergen. Es gelang auch, einige Segel, Tauwerk, Kleidungsstücke und Proviant in Sicherheit zu bringen, dagegen mußte wegen der auf der Strandungsstelle stehenden hohen See von einer Bergung der Ladung Abstand genommen werden.

Der obige Sachverhalt ergiebt sich aus den Aussagen der vernommenen Personen der Schiffsbesatzung: Schiffer Dringenberg, Steuermann Dinkla, Matrose Peters und Leichtmatrose Ulrichs, sowie aus dem Inhalt des Schiffsjournals. In Betreff des Journals ist übrigens zu rügen, daß daselbe den gesetzlichen Bestimmungen zuwider weder vom Schiffer noch vom Steuermann unterschrieben ist.

Die Ursachen des Unfalls anlangend, so hat das Seeamt die Ansicht gewonnen, daß die Beschaffenheit des Schiffes auf denselben nicht von Einfluß gewesen ist. Das Schiff war zwar alt, jedoch liegt kein Grund vor, die Seetüchtigkeit desselben in Zweifel zu ziehen.

Auch der Umstand, daß die Besatzung nur aus 5 Personen bestanden hat, ist ohne Einfluß auf den Unfall geblieben. Es läßt sich freilich nicht leugnen, daß die Besatzung in Folge des Fehlens eines Mannes recht knapp gewesen ist, sie war es aber nicht in solchem Maße, daß sie als ungenügend bezeichnet werden könnte. Dem Unterbleiben des Lothens wird gleichfalls eine Einwirkung auf die Strandung nicht zugeschrieben werden können, da auch im Falle, daß auf Grund von Lothungen die Nähe des Landes früher erkannt wäre, doch mit Rücksicht auf Windstille, Seegang und Strom ein Freihalten des Schiffes vom Lande nicht möglich gewesen sein würde. Trotzdem hätte, da alle zu Gebote stehenden Vorsichtsmaßregeln angewendet und mit der Möglichkeit gerechnet werden mußte, daß Wind und Seegang sich ändern könnten, das Lothen nicht unterbleiben dürfen. Wenn der Schiffer seiner Angabe zufolge das Lothen auch deshalb unterlassen hat, weil er noch weiter vom Lande entfernt zu sein glaubte, so hat er sich hierbei in einem leider häufig vorkommenden Irrthum befunden, insofern er für die Beurtheilung der Situation sich lediglich danach, wo er zu sein glaubte, gerichtet hat, anstatt umgekehrt unter Zugrundelegung der Möglichkeit zu handeln, daß seine Vermuthungen über den Schiffsort, für welche es an jeder sicheren Grundlage fehlte, falsch sein könnten. Dem Schneewetter wird ein Einfluß auf die Strandung nicht zugeschrieben werden können, da angenommen werden muß, daß das Schiff wegen der mehrere Stunden lang herrschenden Windstille auch dann auf den Strand getrieben sein würde, wenn das Wetter sichtig gewesen wäre. Die eigentliche Ursache des Unfalls ist darin zu finden, daß das Schiff, während es in Folge der Windstille ohne Steuerung war, durch den hohen Seegang und eine östliche Strömung nach der Insel Bremö getrieben und dort gestrandet ist.

## 69. Spruch des Seeamts zu Rostock vom 20. November 1885, betreffend den Seeunfall des Schooners „Juanita" von Rostock.

Der Spruch des Seeamts lautet:

Die am 8. April 1885 bei Saffi erfolgte Strandung des Schooners „Juanita", welche dessen gänzlichen Verlust zur Folge hatte, ist dadurch verursacht, daß die beiden Ankerketten des auf der Rhede vor Anker liegenden Schiffes während eines starken Sturmes brachen und das letztere auf den nahen Strand trieb, wo es von der See zerschlagen wurde.

Ein Mangel in der Ausrüstung des Schooners wird dem Führer desselben, Schiffer Hauer, nicht zum Vorwurf gemacht und auch den Steuermann Düwell trifft kein Verschulden an dem Unfalle.

Gründe. I. In heutiger Hauptverhandlung ist auf Grund des Schiffsjournals, der Registerakten, der vor dem Königlich schwedisch-norwegischen Consul zu Saffi als Vertreter des Kaiserlich deutschen Ministerresidenten zu Tanger am 8. April 1885 abgelegten Verklarung der Aussagen des Schiffers und des Steuermannes und der verlesenen schriftlichen Erklärung des hiesigen Experten des Germanischen Lloyd Nachstehendes für thatsächlich festgestellt erachtet:

1. Der vom Schiffer Hauer aus Ribnitz geführte, in Rostock beheimathete Schooner „Juanita", Unterscheidungssignal MCVT, vermessen zu 380,4 cbm = 134,26 britischen Register-Tons Netto-Raumgehalt, ging am 25. Februar 1885, von Aveiro in Ballast kommend, auf der Rhede von Saffi in Marokko vor Anker, um dort eine Ladung Mais einzunehmen. Schiffer Hauer begab sich an Land, hatte aber, als er an Bord seines Schiffes zurückkehren wollte, das Unglück, mit dem Boote zu kentern und dabei den rechten Fuß zweimal zu brechen, weshalb er über 7 Wochen lang zu Saffi in ärztlicher Behandlung verbleiben mußte. Während seiner Abwesenheit übernahm der Steuermann Heinrich Düwell aus Ribnitz das Commando an Bord des Schooners. Dieser lichtete, weil schlechtes Wetter im Anzuge war, Saffi kein Hafen ist und die dortige Rhede keinen hinlänglichen Schutz bietet, am 5. März die Anker und suchte gleichzeitig mit vielen anderen Schiffen die offene See zu gewinnen. Nachdem man bis zum 16. März in Sicht der Küste gekreuzt hatte, ging man wiederum auf der Rhede von Saffi vor Anker und begann mit dem Laden. Am 7. April war etwa der dritte Theil der Ladung übergenommen. Der Schooner lag am Morgen dieses Tages vor beiden Ankern. Vor dem Backbordanker waren 50, und vor dem Steuerbordanker, dessen Klüse einige Tage vorher gebrochen war, 85 Faden Kette ausgestochen. Der Wind wehte mit steifer Brise aus WSW und SW und wuchs zum Sturm an, mit häufigen Regenböen. Die See war kurz und stößig und nahm im Laufe des Vormittags mehr und mehr zu. Zur größeren Sicherheit ließ der Steuermann beide Ankerketten in üblicher Weise — die eine durch ein Ende des Schlepp-

taues, die andere durch ein Gien — vor dem Spill verstärken und außer Kraft taljen. Um 11 Uhr 30 Minuten Vormittags begann es in der Steuerbordkette stark zu arbeiten, und bald darauf brach dieselbe. Der Steuermann ließ sofort den Warpanker mit dem Schlepptau fallen und befahl, den Reserveanker zum Gebrauch fertig zu machen, als auch die Backbordkette brach und der Schooner in das Treiben kam. Da Strom und See in die Bucht von Saffi hineinstanden, so näherte sich derselbe sehr schnell der damals etwa eine Seemeile entfernten Küste. Eine kurze Zeit lang brachte zwar der Warpanker das Schiff wieder zum Stehen, aber dann brach auch die Schlepptrosse und das Schiff trieb weiter. Einen Versuch, Segel zu setzen, um sich von der nahen Küste frei zu segeln, hielt der Steuermann, weil es seiner Meinung nach an der dazu erforderlichen Zeit gebrach, für aussichtslos. Dagegen ließ er Nothsignale geben; es kam aber keine Hülfe. Den Reserveanker konnte man nicht mehr zum Fallen bringen. Etwa 20 Minuten nach dem Brechen des Schlepptaues kam der Schooner auf den Strand und blieb 10 bis 12 Faden von dem festen Ufer entfernt stehen. An letzteres ließen die Schiffbrüchigen mittelst Korkfenders ein Tau treiben, welches vom Lande aus straff gezogen wurde und an welchem sich die aus 5 Personen bestehende Besatzung durch die Brandung hindurch an Land retteten. Der Schooner brach schon in den nächsten Tagen auf, es gelang jedoch, den größten Theil des Inventars zu bergen. Aus dem meistbietenden Verkaufe von Wrack und Inventar sind 606 spanische Dollars aufgekommen.

2. Der Schooner war im Jahre 1873 zu Ribnitz aus Eichenholz erbaut worden. Die kleinere Ankerkette von 60 Faden Länge stammte noch von der ersten Ausrüstung her, die größere von 90 Faden hat Schiffer Hauer vor etwa 1½ Jahren in Port Said alt gekauft. Die erstere war 15/16 Zoll, die letztere 1¼ Zoll stark. Beide waren nach Versicherung des Schiffers und des Steuermanns nur wenig ausgeschliffen und im besten Stande, hatten auch bisher in jedem Wetter beim Ankern gehalten.

Der Schooner hat seit seiner Erbauung die Classe A. 1. beim Germanischen Lloyd gehabt. Ende October 1883 ist er in Leith zwecks Besichtigung und Kalfaterung des Bodens im Trockendock gewesen und vom dortigen Experten der genannten Classificirungs-Gesellschaft zur weiteren Innehabung der ihm zugetheilten Classe für würdig erachtet. Bei der ersten Classication sind auch die Ankerketten vorschriftsmäßig auf ihre Stärke untersucht und als einwandsfrei befunden worden, wie der hiesige Expert des Germanischen Lloyd bekundet hat.

II. Nach dem vorstehenden Thatbestande mußte der Sturm, in welchem die Ankerketten brachen, als Ursache des vorliegenden Unfalles bezeichnet werden. Denn daß sich die Ankerketten in einem mangelhaften Zustande befunden haben, in welchem Falle die Strandung auf letzteren zurückzuführen sein würde, hat für erwiesen nicht erachtet werden können. Zunächst ist mit dem vernommenen Sachverständigen angenommen worden, daß die Stärke beider Ankerketten an sich für ein Schiff von der Größe des Schooners vollauf genügte. Was sodann die weitere Beschaffenheit derselben anlangt, so hat die Untersuchung nichts für die Annahme ergeben, daß die Ketten bereits veraltet gewesen seien. Die kleinere Kette war bei Erbauung des Schiffes neu angeschafft und erst elf Jahre lang in Gebrauch, während Ankerketten, wenn sie dann und wann abgeklopft und getheert werden, gut 20 bis 30 Jahre lang auszuhalten pflegen. Die Glieder dieser Kette waren denn auch, wie festgestellt, nur wenig ausgeschliffen, und bei der ersten Classificirung, sowie bei der demnächstigen Revision waren bezüglich derselben durch die betreffenden Experten des Germanischen Lloyd keine Monituren erhoben worden. Das Alter der größeren Kette, welche Schiffer Hauer vor ungefähr 1½ Jahren ankaufte, ist nicht ermittelt, allein das Seeamt hat die Versicherung desselben, daß sie noch wenig gebraucht und von guter Beschaffenheit gewesen sei, für glaubhaft erachtet. Jedenfalls war anzunehmen, daß Schiffer Hauer in die Beschaffenheit der Kette keinen Zweifel gesetzt hat, da er sie sonst nicht käuflich erworben haben würde, und so könnte ihm, selbst wenn sie damals nicht mehr tauglich gewesen sein sollte, aus ihrer mangelhaften Beschaffenheit kein Vorwurf gemacht werden.

Daß der Klüsenbruch zum Brechen der Steuerbordkette mit beigetragen hat, ist nicht wahrscheinlich. Denn wenn auch unter Umständen, insbesondere bei einem Zuankergehen in engem Fahrwasser ein Klüsenbruch die Ankerkette wenigstens dann gefährden kann, wenn dieselbe unter das Schiff geräth, so lagen doch solche Umstände hier, wo der Schooner auf der offenen Rhede hinlänglichen Platz zum Beidrehen hatte, in keiner Weise vor. Aber auch wenn man das Gegentheil annehmen wollte, würde dennoch dem Steuermann das Unterlassen einer Reparatur der beschädigeen Klüse schon deshalb nicht als tadelnswerthe Nachlässigkeit zur Last zu legen sein, weil es in Saffi an jeder Gelegenheit zu einer solchen Reparatur durchaus fehlt.

## 70. Spruch des Seeamts zu Stralsund vom 20. November 1885, betreffend den Seeunfall des Schooners „Gloria" von Stralsund.

Der Spruch des Seeamts lautet:

daß der Schooner „Gloria" in Folge Aufstoßens und zwar vermuthlich auf ein schwimmendes Wrack leck geschlagen und dann gesunken ist, ohne daß dem Schiffer, Steuermann oder sonst Jemandem ein Verschulden zur Last zu legen ist.

Gründe. Der in Stralsund heimathliche, 1857/58 erbaute Schooner „Gloria", Unterscheidungssignal JLCN, vermessen zu 432,6 cbm = 152,71 britischen Register-Tons Netto-Raumgehalt, ist auf der am 30. September 1885 mit einer Theilladung Phosphat von Louvain nach Invergordon angetretenen Reise am 22. October Abends gegen 7 Uhr auf einen unbekannten Gegenstand heftig aufgestoßen, so daß der Bug des Schiffes etwa 2 bis 3 Fuß gehoben wurde. Nach weiteren Stößen kam der Schooner wieder frei. Der am Ruder stehende Steuermann G. Bohn fiel in Folge des ersten Stoßes so heftig auf das Deck, daß er erst nach einiger Zeit die Besinnung wieder erlangte. Der Schiffer Gottfried Waldmann fand das Ruder hart Backbord geworfen und derart festgeklemmt, daß es unbeweglich war. Da das Schiff in Folge dieser Ruderstellung in den Wind derzeit frisch aus SO, luvte, ließ er die Segel back braßen, peilte die Pumpen und fand in dem bis dahin völlig dichten Schiffe über 3 Fuß Wasser. Ein größeres Leck vermuthend, ließ hierauf der Schiffer die Boote aussetzen, gleichzeitig ein Nothfeuer anzünden und das Nebelhorn blasen, um Hülfe zu erlangen, da er in der aus NO laufenden See ein Vollschlagen der Boote für nicht ausgeschlossen hielt. Mittlerweile begann der Schooner, vermuthlich in Folge Ueberschießens der Ladung, sich auf die Backbordseite zu legen und die Peilung der Pumpen ergab über 8 Fuß Wasser. Die Mannschaft begab sich deshalb in die Boote und alsbald legte sich das Schiff ganz auf die Backbordseite und verschwand unter hörbarem Krachen der Balken unter Wasser. Zwischen dem ersten Aufstoßen und dem Untergang des Schiffes waren etwa 40 bis 50 Minuten vergangen. Die Mannschaft ruderte auf ein in westlicher Richtung sichtbares Licht zu und erreichte gegen 10 Uhr Abends die englische Fischerschmak Fern aus Lowestoft, welche sie am 23. in Lowestoft absetzte.

Dieser Hergang ist in Uebereinstimmung mit der Eintragung in dem Journal und mit der Verklarung von dem Schiffer, dem Steuermann, dem Matrosen Braatz und dem Schiffsjungen Kuckhahn vor dem Seeamt eidlich bekundet. Die Richtigkeit ihrer Aussagen unterliegt keinem Zweifel.

Der Schooner hatte nach Anfangs dieses Jahres stattgehabter Besichtigung die Veritas-Classe 5/6 G. 1. 1. bis Ende 1886 verlängert erhalten und war bis zu diesem Unfall dicht, also durchaus seetüchtig.

Nach dem aufgemachten Besteck befand man sich am 22. October Mittags auf 52° 32′ Nordbreite und 2° 35′ Ostlänge nach Loggrechnung und auf 52° 28′ Nordbreite nach astronomischer Berechnung und hatte dann 24 Seemeilen in der Richtung NzO gesegelt. Kurz vor dem Aufstoßen hatte der Steuermann in Lee ein grünes Feuer gesehen und der demnächst aufgesuchte englische Fischer Roth trieb vor seinen Netzen zwischen der Stelle, wo der Schooner gesunken und Smith-Knoll-Bank. Es ist sonach für ausgeschlossen zu erachten, daß der Schooner etwa auf die vor dieser Bank liegende Boje aufgefahren ist. Wäre dies der Fall gewesen, dann würde der Schooner auch nicht in der angegebenen Weise sich gehoben haben. Der Aufstoß hat also in dem 24 bis 26 Faden tiefen Fahrwasser vermuthlich auf ein treibendes Wrack stattgefunden.

Der Spruch hat hiernach, wie geschehen, abgegeben werden müssen. Versichert war der dem Schiffer Waldmann gehörige Schooner bei dem Neuvorpommerschen Schiffsversicherungs-Verein mit 16 200 M.

## 71. Spruch des Seeamts zu Emden vom 21. November 1885, betreffend den Seeunfall der Tjalk „Magreta" von Ostrhauderfehn.

Der Spruch des Seeamts lautet:

Der Unfall der Tjalk „Magreta" ist auf das häufigere Verschieben der Sände in der blauen Balge, sowie auf den nicht zu billigenden Gebrauch, die blaue Balge bei niedrigster Ebbe auszusegeln, zurückzuführen.

Gründe. 1. Die zu Ostrhauderfehn heimathliche Tjalk „Magreta", Unterscheidungssignal KGJR, erbaut im Jahre 1877/78 zu Ihlowerfehn, vermessen zu 65,9 cbm = 23,26 britischen Register-Tons Netto-Raumgehalt, welche im August 1881 unweit Cuxhaven kenterte, dann aber in Cuxhaven eingebracht und reparirt wurde und demnächst in das Alleineigenthum des Schiffers Christoffer Noormann zu Ostrhauderfehn überging, ist am 15. October 1885 in der blauen Balge gesunken.

2. Die „Magreta", welche Classe A. 1. des Germanischen Lloyd hatte, befand sich damals mit einer Ladung Gußeisenwaaren im Gewichte von 78 Tonnen, mit der ihr Tiefgang sich auf 5 Fuß gegen eine Auswässerung von 9 Zoll stellte, und einer Besatzung von 2 Personen auf der Reise von Norden nach Altona, war am 7. October von Norden abgefahren und langte am 13. October Nachmittags auf dem Wangerooger Watt an, wo der Schiffer zu Anker ging und auch am folgenden Tage liegen blieb.

3. Am 15. October segelte er Morgens weiter, ging jedoch um 6 Uhr 30 Minuten wieder in der blauen Balge vor Anker, um diese bei niedrigster Ebbe herunterzukreuzen. Als letzteres nun später angeblich unter beständigem Peilen geschah, gerieth die „Magreta" unweit der rothbunten Tonne No. I., welche man an Backbordseite passiren wollte, nachdem eben vorher noch 6½ Fuß Wasser gepeilt waren, mitten im Fahrwasser auf Grund, während andere Fahrzeuge sowohl an Steuerbord- als Backbordseite von der „Magreta" freiliefen, und stieß dann bei wiederaufkommender Fluth mehrmals so stark auf, daß das Schiff leck wurde.

4. Als die „Magreta" dann um 10 Uhr 30 Minuten wieder flott wurde, war trotz angestrengten Pumpens bereits eine erhebliche Menge Wasser eingedrungen und wollte der Schiffer, um Schiff und Ladung zu bergen, in die blaue Balge wieder einsegeln. Dabei stieß die „Magreta" unweit der rothbunten Tonne nochmals wieder auf Grund und entschloß sich der Schiffer endlich, als das Wasser im Raume stets zunahm, sein Schiff nördlich vom Wangerooger Cap auf den Strand zu setzen.

5. Bevor die „Magreta" soweit kam, sank sie jedoch in 2,5 m Wassertiefe weg, worauf sie von ihrer Besatzung im Boote verlassen wurde. Das Schiff ist in Folge dessen vollständig verloren gegangen, desgleichen der größte Theil der Ladung und hat nur einiges vom Inventar geborgen werden können.

6. Wie der Schiffer Noormann angiebt, ist es bei den in der blauen Balge verkehrenden Küstenfahrern allgemeiner Gebrauch, für das Aussegeln derselben niedrigste Ebbe abzuwarten und war diesem Gebrauche entsprechend auch in einem andern Falle verfahren, welcher zu einer seeamtlichen Untersuchung beim Seeamt Brake Veranlassung gegeben hat.

7. Die betreffenden Akten, betreffend den Seeunfall des holländischen Schiffes „Gerritdina Woortmann“, Schiffer H. Doorenbos in Groningen, sind vom Seeamt Brake herangezogen und enthalten ein Gutachten des Kaiserlichen Lootsen-Commandos in Wilhelmshaven vom 23. October 1885, aus welchem sich ergiebt, daß die Sände in den Seegaten und ganz besonders in der blauen Balge sich vielfach verschieben und daher mit positiver Bestimmtheit auf eine richtige Lage der Tonnen überhaupt niemals gerechnet werden könne. Dadurch findet denn der sonst auffällige Umstand, daß die „Magreta“ plötzlich auf Grund gerathen ist, obgleich der mit den örtlichen Verhältnissen angeblich genau bekannte Schiffer sich in der Mitte des Fahrwassers zu befinden meinte, dagegen andere Schiffe sowohl an Backbord- als Steuerbordseite frei passirten, eine Erklärung, und liegt übrigens umsoweniger Veranlassung vor, dem Schiffer Noormann einen Vorwurf wegen Mangels an Vorsicht zu machen, als nach den Aussagen des Bestmannes Breden während der Fahrt durch die blaue Balge beständig der Peilstock gebraucht ist.

8. Im Uebrigen läßt das erwähnte Gutachten des Kaiserlichen Lootsen-Commandos zu Wilhelmshaven ferner ersehen, daß das Aussegeln der blauen Balge bei niedrigster Ebbe immerhin nicht unbedenklich ist, da im Falle des Festkommens die betreffenden Fahrzeuge wegen der mit Eintritt der Fluth zu erwartenden stärkeren See sehr leicht der Gefahr des Leckspringens ausgesetzt sind. Es konnte daher der seitherige, auch vom Schiffer Noormann befolgte Gebrauch als ein berechtigter nicht angesehen werden.

## 72. Spruch des Seeamts zu Emden vom 21. November 1885, betreffend den Seeunfall der Galiote „Antine“ von Großefehn.

Der Spruch des Seeamts lautet:

Der Unfall der Galiote „Antine“ ist auf deren in Shields eingenommene schwere Ladung zurückzuführen.

Gründe. 1. Die zu Großefehn heimathliche Galiote „Antine“, Unterscheidungssignal KDFC, erbaut daselbst im Jahre 1864/65, vermessen zu einem Netto-Raumgehalt von 231,8 cbm = 81,82 britischen Register-Tons und einer Rhederei gehörig, bei welcher der Schiffsführer Berend Baarke aus Großefehn nicht betheiligt war, ist am 27. October 1885 von der Mannschaft in sinkendem Zustande verlassen.

2. Die „Antine" befand sich damals mit einer Besatzung von 4 Personen und einer Ladung Stückgüter auf der Reise von Shields nach Bremen und war am Morgen des 27. October durch einen Dampfer in See geschleppt. Das Gesammtgewicht ihrer Ladung stellte sich nach Inhalt des Journals auf 140 Tonnen, und betrug der Tiefgang des Schiffes 8 bezw. 9 Fuß gegen eine Auswässerung von 12 Zoll mittschiffs. Unter den eingenommenen Stückgütern befanden sich namentlich 10000 feuerfeste Steine, 96 Fässer Soda und 2 Fässer Schwärze, 308 Stück Eisenplatten und endlich 50 Tons Baryt, alles Güter von besonderer Schwere, womit jedoch nach Angabe des Schiffers die „Antine" nicht überladen gewesen sei, weil dieselbe großen Sprung gehabt habe.

3. Die „Antine", welche im September 1885 in Ballast von Bremen nach Wemyß ausgegangen war, hatte auf dieser Reise beide Masten verloren und wurde dann nach Shields eingeschleppt, wo sie ins Trockendock gebracht wurde. Sie erhielt hier neue Masten und wurden die Stoßnähte, sowie einige andere schadhaft gewordene Nähte kalfatert, auch ließ der Schiffer Wasser ins Schiff pumpen, und stellte sich dabei heraus, daß der Boden des Schiffes völlig dicht war. Die Verbolzung des Schiffes ist dagegen nicht nachgesehen und sind namentlich die Rüsten und Puttingsbolzen einer näheren Untersuchung nicht unterzogen.

4. Im Hafen von Shields erwies sich die „Antine", welche einen regelmäßigen Wasserstand von 6 Zoll bei den Pumpen hatte, als völlig dicht. Nur am Abend des 26. October wurde, nachdem die Ladung beendet und die Abdichtung der Luken erfolgt war, ein Wasserstand von 16 Zoll bei den Pumpen bemerkt und fand sich, als am 27. October Morgens um 6 Uhr die Pumpen gepeilt wurden, ausweislich des Journals, ein solcher von 9 Zoll vor.

5. Nachdem die „Antine" am Morgen des 27. October durch einen Dampfer nach See geschleppt war, schlugen am Mittag die Pumpen noch lenz, ebenso um 2 Uhr Nachmittags, waren dahingegen schon Nachmittags 3 Uhr nicht mehr lenz zu bringen. Beim Peilen der Pumpen fanden sich 12 Zoll Wasser vor und war dasselbe eine Stunde später, obgleich inzwischen mit 3 Mann beständig gepumpt

war, bereits auf das Doppelte gestiegen. Das Wetter war dabei stürmisch, der Wind nordwestlich.

6. Unter diesen Umständen und da ein Schiff voraus in Sicht war, wurde beschlossen, die Nothflagge aufzusetzen und kam in Folge dessen jenes fremde Schiff heran. Es erwies sich dasselbe als die Kuff „Alpha", Schiffer Siebs aus Oldersum, und versprach der Schiffsführer auf Ansuchen, in der Nähe zu bleiben, was auch geschehen ist. Schon um 5 Uhr Nachmittags war indessen das Wasser im Raume der „Antine" auf 3 Fuß 6 Zoll, um 5 Uhr 30 Minuten auf 4 Fuß gestiegen und wurde nunmehr die „Antine" von ihrer Besatzung im eigenen Boote verlassen.

7. Die Besatzung langte um 6 Uhr am Bord der „Alpha" an und peilte von dort um 6 Uhr 30 Minuten die „Antine" in SWzS. Bald nachher war jedoch die „Antine" verschwunden und setzte darauf der Schiffer Siebs seine Reise nach Leer fort, wo er am 3. November eintraf und die Besatzung der „Antine" landete.

8. Das Aufgeben der „Antine" mußte nun zunächst nach Lage der Sache als gerechtfertigt angesehen werden, da, wenn auch der damals herrschende nordwestliche Wind zwar die Rückkehr nach Shields, nicht aber auch ohne Weiteres die Möglichkeit, einen anderen Platz der englischen Küste zu erreichen, ausgeschlossen erscheinen ließ, doch nach den Feststellungen unter 6 das Leck der „Antine" ein zu bedeutendes war, als daß darauf hätte gerechnet werden können, rechtzeitig nach der Küste zurückzugelangen.

9. Was nun die Entstehung dieses Leckes anbetrifft, so kommt in Betracht, daß die auf der „Antine" befindliche Ladung eine äußerst schwere war und insbesondere die als Garnirung benutzten feuerfesten Steine einen besonders starken Druck ausübten. Auch mußte sich fragen, ob nicht die „Antine" überladen gewesen sei, da das Gewicht ihrer Ladung nicht blos erheblich das Anderthalbfache der vermessenen Registertonnenzahl überstieg, sondern auch die Auswässerung nach einer vom Schiffer selbst angeblich vom Schanddeckel bis auf die Wasserlinie vorgenommene Messung mittschiffs nicht mehr als 12 Zoll betrug, während sich der Tiefgang des Schiffes hinten auf 9 Fuß und vorne auf 8 Fuß stellte.

10. Gleichwohl kann jedoch eine Ueberladung des Schiffes als nachgewiesen nicht angenommen werden, weil die „Antine" großen Sprung gehabt hat, dieselbe unter solchen Umständen aber vorne und hinten mehr als 12 Zoll über Wasser lag. Somit hätte sich erst, wenn außer der mittschiffs erfolgten Messung eine solche auch vorne

und hinten vorgenommen wäre, aus dem Durchschnitt dieser Messungen die richtige Auswässerung bestimmen lassen und fehlt es mithin zu deren Feststellung im vorliegenden Falle, in welchem nur eine Messung mittschiffs erfolgte, an dem nöthigen thatsächlichen Anhaltspunkte, wie denn stets auch der Nachweis einer wirklichen Ueberladung so lange immer erhebliche Schwierigkeiten bieten dürfte, als nicht durch eine mit Rücksicht auf die Bauart des Schiffes in jedem einzelnen Falle zu ermittelnde und an dem betreffenden Fahrzeuge äußerlich erkennbar gemachte Ladelinie dessen Tragfähigkeit mit Sicherheit festgestellt sein wird.

11. Auch ohne wirkliche Ueberladung liegt jedoch auf der Hand, daß der Druck der eingenommenen schweren Ladung sich durch das Arbeiten des Schiffes in der See noch erheblich vermehrte. Es wird dadurch erklärlich, daß der Verband des Schiffes sich löste, und war deshalb und da es an thatsächlichen Anhaltspunkten für eine anderweite Ursache des nachgewiesenermaßen eingetretenen schweren Leckes der „Antine" fehlt, so wie geschehen zu erkennen.

## 73. Spruch des Seeamts zu Stralsund vom 23. November 1885, betreffend den Seeunfall der Bark „Bertha Bahlrühs" von Barth.

Der Spruch des Seeamts lautet:

1. daß die Aufgabe der Bark am 14. Dezember 1882 unter den obwaltenden Umständen nicht gerechtfertigt gewesen ist, während deren Aufgabe am 9. Mai 1885 als entschuldbar anzunehmen ist;

2. daß dem Schiffer F. Wilschky die Befugniß zur Ausübung des Schiffergewerbes zu entziehen ist.

Gründe. Die der Rhederei von J. N. Rodbertus gehörige, in Barth heimathliche Bark „Bertha Bahlrühs", Unterscheidungssignal JNBQ, 1866/67 aus eichenem Holz mit buchenem Kiel erbaut und zu 1491 cbm = 526,36 britischen Register-Tons Netto-Raumgehalt vermessen, ist von der Besatzung auf der Reise von Cardiff nach St. Vincent am 14. Dezember 1882 Mittags etwa 30 Seemeilen vor Lissabon verlassen, an demselben Tage aber von dem Dampfer „Rio" nach Lissabon eingeschleppt und der Besatzung zurückgegeben. Nach Abdichtung einer Naht am Vordersteven sind zunächst Reisen nach Doboy und von hier nach Hull gemacht und ist dann erst die Bark in ein Trockendock gebracht, woselbst die Kalfaterung erneuert ist. Nach verschiedenen Reisen ist die Bark dann auf der Fahrt von Doboy nach Newport mit Pitschpine-Balken und -Planken am 9. Mai 1885 auf 37 Grad 6 Fuß Nordbreite und 51 Grad 20 Fuß Westlänge von der Mannschaft verlassen und letztere von der Bark „Adelaide Baker" aus Barrow in Furneß aufgenommen worden. Gesehen ist die Bark am 12. Mai 1885 auf 37 Grad Nordbreite und 54 Grad Westlänge von dem Schiff „Olivier Madeleine", am 25. Mai 1885 auf 36 Grad Nordbreite und 53 Grad 39 Fuß Westlänge von dem norwegischen Schiff „Bonderennen" und am 27. Mai 1885 von der nordamerikanischen Fregatte „Pensacola", welche sie mit einem Torpedo zerstört hat.

Versichert war das Schiff in Stralsund und in Barth mit 21400 M.

Geführt hat die Bark auf beiden Reisen der mit einem Befähigungszeugniß für große Fahrt versehene Schiffer Ferdinand Wilschky aus Wieck. Zur Besatzung gehörten auf der ersten Reise der Steuermann Bley, Zimmermann Sodemann, Matrose Ackermann und noch 8 Mann; auf der zweiten Reise der Steuermann Albert Kraeft, Zimmermann Roehl, Segelmacher Steinort, Matrose Kraeft und noch 7 Mann.

Die über beide Unfälle, von denen der erstere zur Kenntniß des Seeamts erst 1884 gelangt ist, geführte Untersuchung, zu welcher die beiden Steuerleute, weil auf außereuropäischen Gewässern fahrend, nicht haben zugezogen werden können, hat folgendes Ergebniß gehabt:

I. Die Bark hatte 1878 Classe A. 1. im Germanischen Lloyd für 5 Jahre erhalten, war 1880 in Kopenhagen, im Frühjahr 1882 in Danzig besichtigt, hier auch einer Reparatur unterworfen, wobei insbesondere der Verband durch Leibhölzer verstärkt und die Berghölzer abgedichtet sind. Sie machte bei ruhigem Wetter wenig, bei stürmischem Wetter und hoher See, wenn beladen, viel Wasser. Das Schiff war also weich geworden; die Nähte begaben sich, wenn es in hoher See schlingerte; seine Seetüchtigkeit bei Antritt der Reise von Cardiff nach St. Vincent kann aber trotzdem angenommen werden.

Die Ladung hat aus 752 Tons Kohlen und 13 Tons Stückgüter bestanden, war also nicht übermäßig.

Das Journal über diese Reise hat der Schiffer nicht aufbewahrt. Aus dem von dem Schiffer und dem Steuermann Bley unterschriebenen Journalauszug und der vor dem Handelsgericht in Lissabon am 29. Dezember 1881 abgelegten Verklarung ergiebt sich jedoch über den Verlauf dieser Reise Folgendes:

Vom 2. bis 5. Dezember Mittags hatte die Bark bei stetem sturmartigen Winde aus Nord und NNO in der hohen See viel Wasser gemacht, so daß sie nur mit Anstrengung lenz zu halten war. Am 6. Dezember sind 30 und am 7. Dezember 5 Tons Kohlen über Bord geworfen, weil die Bark nach Steuerbord überlag. Am 8. Dezember frischte der Wind auf, am 9. war Sturm aus Norden, dann wurde es ruhiger und das Schiff war ohne Anstrengung lenz zu halten. Am 10. wurde es wieder stürmisch, das Schiff machte wieder Wasser, weshalb Curs auf Lissabon oder Gibraltar genommen wurde. Am 11. Dezember bei stürmischem Winde aus WNW wurde einem in Sicht kommenden Schiffe Nothsignal gezeigt, letzteres blieb auch einige Zeit in der Nähe, setzte dann aber seinen Curs fort. Abends wurde im Schiffsrath beschlossen, möglichst vor den Wind zu halten und einen Hafen zu suchen. Am 12. beruhigte sich Wetter und See, das Wassermachen ermäßigte sich auf 6 bis 8 Zoll in der Stunde. Am 13. Dezember Mittags hatte man Land in Sicht; das Wetter war schön, das Wassermachen minderte sich, um 2 Uhr 30 Minuten war das Schiff lenz gepumpt und um 4 Uhr 30 Minuten fanden sich beim Anschlagen der Pumpen 12½ Zoll Wasser. Cap Rocca war in Sicht und Abends auch das Feuer von Guio. Dann ging der Wind auf NO über, die aus NNW kommende See nahm zu und man trieb allmälig bei stillem, veränderlichen Wetter in Folge der Strömung von der Küste ab. In der Nacht zum 14. schlingerte das Schiff, das Wassermachen nahm zu, die Pumpen waren immer im Gange und Morgens 7 Uhr war kein Land in Sicht. Das Schiff lag vorn tiefer, als bei Antritt der Reise und parirte schwer dem Ruder. Gegen Mittag wurde vom Steuermanne während der Schiffer schlief, auf Andringen der Mannschaft dem in Sicht kommenden Dampfer „Rio" aus Hamburg Nothsignal gezeigt. Auf die Frage des Führers des Dampfers, ob er die Bark nach Lissabon einschleppen solle, hat der Schiffer Wilschky, wie in der Verklarung vermerkt ist, geantwortet, daß er sein Schiff hierzu nicht für stark genug hielte wegen der Menge Wasser, die es zöge, und wegen Ermüdung der Mannschaft. Nun sei die Mannschaft vom Dampfer „Rio" aufgenommen. Nachdem der Dampfer seine Fahrt etwa eine Stunde fortgesetzt hatte, sei er zur Bark zurückgekehrt und habe sie nach Lissabon eingeschleppt, wo man Abends gegen 6 Uhr angelangt sei und im Schiffe 1,35 Meter Wasser gefunden habe. Die Besatzung hat dann auf Weisung des Agenten des Dampfers „Rio" ihr Schiff zurückbekommen.

Im ersten Verhandlungstermine hat Schiffer Wilschky diesen Thatbestand als richtig bezeichnet und den Inhalt der Verklarung nur insofern bemängelt, als er dem Führer des Dampfers „Rio" nur gesagt haben will, daß seine Mannschaft wegen Ermüdung nicht mehr pumpen und er aus diesem Grunde sein Schiff nicht halten könne, daß er aber nicht erklärt habe, sein Schiff sei für das Einschleppen nach Lissabon nicht mehr stark genug. Im Schiffe seien 8 Fuß Wasser gewesen; der Dampfer habe sich, weil er die Postsachen geführt, bei seinem Schiffe nicht aufhalten wollen.

Als hierauf die Vernehmung des Führers des Dampfers „Rio" beschlossen wurde, hat Schiffer Wilschky im Schlußtermin angegeben, im Schiffe seien nicht mehr als 22 Zoll Wasser gewesen; den Wasserstand habe er nicht selbst gepeilt und nur auf die Angabe des Zimmermanns Sodemann auf 8 Fuß angegeben.

Schiffer Brandt, früher Führer des Dampfers „Rio", hat aber Folgendes eidlich bekundet:

Um 9 Uhr Vormittags am 14. Dezember 1882 sei er von Lissabon ausgelaufen und habe 25 bis 30 Seemeilen SW von Lissabon die Bark „Bertha Bahlrühs" mit Nothsignal getroffen. Auf seine Frage habe der Schiffer ihm geantwortet, die Bark sei im sinkenden Zustande, er solle die Besatzung holen, und auf die weitere Frage, ob er ihn nach Lissabon einschleppen solle, dies sei nicht möglich, das Schiff müsse jeden Augenblick sinken. Nun habe er die Mannschaft an Bord des „Rio" holen lassen und dann den Schiffer, da die Bark weder tief, noch schief lag, gefragt, wieviel Wasser im Schiffe sei, denn, falls die Bark nicht alsbald sinken müßte, könne sie in diesem Fahrwasser nicht treibend gelassen werden. Schiffer Wilschky habe geantwortet, er selbst habe den Wasserstand nicht gepeilt, aber sein Steuermann oder Zimmermann habe ihm diesen auf 8 Fuß angegeben, die Bark müßte in einer Stunde sinken. Seine Mannschaft habe die Nacht und den Tag vorher gepumpt, sie sei müde und habe geschundene Hände. Nun sei er mit Schiffer Wilschky zum Frühstück gegangen und habe ihm vorgestellt, daß er ja längst Lissabon hätte erreicht haben können, weshalb er denn nicht Lissabon angelaufen sei. Wilschky habe hierauf erklärt, daß er dort nicht Bescheid gewußt habe, auch nicht sicher gewesen sei, ob er einen Lootsen erhalten würde. Da ihm dies verdächtig vorgekommen sei, zumal am Abend und die Nacht vorher wunderschönes Wetter war, habe er nach Beendigung der Mahlzeit mit einem Fernrohr nach der Bark gesehen. Diese sei ebenso hoch wie zuvor getrieben, und nun habe er sich entschlossen, das Schiff nach Lissabon einzuschleppen. Nachdem er die Bark erreicht, habe er seinen ersten Steuermann Kroeger mit 6 Mann, darunter der Zimmermann und ein Mann von der Bark, zu dieser mit dem Schlepptau und der Weisung abgeschickt, zunächst den Wasserstand zu peilen und, wenn dieser es gestatte, die Bark am Schlepptau zu befestigen. Von dort aus habe er dann wahrgenommen, daß sein Steuermann Kroeger sich an das Ruder begeben, dann mit dem Klarmachen des Bootes begonnen, demnächst aber hiervon Abstand genommen und die Bark am Schlepptau befestigt sei. Von der Zeit, wo er die Bark getroffen, bis zum Anbordkommen des Steuermanns Kroeger seien 1½ Stunden vergangen. Auf der Fahrt nach Lissabon, wo man gegen 5½ Uhr Abends eingetroffen sei und in der Bark 4 Fuß Wasser ermittelt habe, sei fast garnicht gepumpt. Sein Steuermann Kroeger habe ihm über die Vorgänge auf der Bark Folgendes mitgetheilt:

Der Zimmermann der Bark, welchem er die Peilung der Pumpen aufgegeben, habe ihm 8 Fuß Wasser gemeldet und ihm auch die auf 8 Fuß nasse Peilschnur gezeigt. Er habe nun das Bereithalten des Bootes angeordnet, sei durch die Deckslucke — sämmtliche Deckslucken waren geöffnet — auf die Kohlen gestiegen und habe gehorcht, ob das Wasser hörbar sei. Da dies nicht der Fall gewesen, habe er die Pumpen selbst gepeilt und 21 bis 22 Zoll Wasser gefunden. Nun habe er die Bark ins Schlepptau nehmen lassen.

Bei der Gegenüberstellung mit dem Zeugen Brandt hat Schiffer Wilschky dessen Aussage als richtig anerkennen müssen.

Brandt hat dann noch begutachtet, daß Wilschky Lissabon am Abend oder die Nacht vorher wohl hätte erreichen können, daß die Strömung an der Küste nicht sehr stark und hierauf das erhebliche Abtreiben von Lissabon nicht zurückzuführen sei.

Matrose Ackermann — der einzige Zeuge, dessen Vernehmung neben dem Schiffer Wilschky zu ermöglichen war — hat sich auf die Einzelheiten der Reise nicht besinnen können, aber eidlich bekundet, daß die Mannschaft vom Pumpen zwar ermüdet gewesen, jedoch bis Lissabon hin immer auf Deck geblieben ist.

Für die Bergung der Bark haben 600 Pfund Sterling gezahlt werden müssen.

Die am 24. Januar 1883 in Lissabon zusammengetretene Besichtigungscommission hat, obschon die Bark im Hafen dicht war, die Erneuerung der Calfaterung vor Antritt der Weiterreise für erforderlich erklärt. Solche hat aber, wie erwähnt, erst in Hull stattgefunden.

Daß in Lissabon die Naht am Vordersteven auf 11½ Fuß von unten an einer Stelle ohne Werg gefunden und hier abgedichtet ist, beruht nur auf der Aussage des Schiffers und ist insbesondere aus dem Journalauszug nicht ersichtlich.

II. Die letztgenannte Reise von Doboy mit 336 behauenen, 55 gesägten Balken und 287 Planken, wovon 25 Balken je 60 Fuß lang und 20 Zoll stark als Deckslast befestigt waren, ist am 12. April 1885 angetreten. Die nach der Abdichtung in Hull im Juni 1883 für ein Jahr verlängerte Classe A. 1. war abgelaufen und ist zur Ersparung von Kosten nicht mehr erneuert. Im Jahre 1884 war in Danzig der Farbengang abgedichtet und Vorder- und Hintersteven mit eisernen Bändern abgesteift. Nach dem vom 22. Dezember 1884 beginnenden Journal war der Zustand der Bark derart, daß sie bei gutem Wetter stündlich ½ Zoll, bei schlechtem Wetter aber 2 bis 3 Zoll Wasser machte. Dies ist auch vor dem Seeamt von dem Zimmermann Röhl, Segelmacher Steinort und Matrosen Kraeft bestätigt. Hiernach muß davon ausgegangen werden, daß die Bark für eine Holzladung noch seetüchtig war, wenn schon ihr Zustand es immerhin angezeigt erscheinen ließ, daß der Schiffer sich mit Abfütterungsmaterial versah, um dem starken Wassermachen bei schlechter Witterung zu begegnen und die Mannschaft vor übermäßiger Anstrengung bei dem Bedienen der Pumpen zu bewahren. Sein Einwand, daß er hiervon abgesehen, weil dann die Mannschaft Anstand genommen hätte, die Reise mitzumachen, kann nicht als stichhaltig anerkannt werden. War dies seitens der Mannschaft in der That zu befürchten, dann mußte man hieraus folgern, daß der Zustand der Bark auch sonst ein derartiger gewesen ist, daß ihre Seetüchtigkeit Bedenken unterlag, was nach vorstehender Beschreibung nicht der Fall gewesen zu sein scheint.

Bis zum 5. Mai verlief die Reise günstig, dann trat Abends 8 Uhr orkanartiger Sturm aus Norden ein, 3 Segel zerrissen, die Vorderluke schlug ein und wurde mit Segeltuch verschalkt, um 9 Uhr schlug die Regeling an Backbordseite von vorn bis mittschiffs ein. Die Pumpen ergaben 3 Fuß Wasser. Um 10 Uhr brach die Ruderpinne, wurde jedoch nothdürftig ersetzt. Alle Mann waren bis zum 6. Mai Morgens bei den Pumpen, man fand dann aber 4 Fuß

Wasser. Zum Schutz gegen die hohe See wurde ein 120 Faden langes, an Planken befestigtes Trifttau ausgeworfen. Um 10 Uhr Morgens mußte der Mannschaft einige Ruhe vergönnt werden, die einzelnen Wachen haben dann so gepumpt, daß jede Wache 3 Stunden Ruhe hatte. Abends 7 Uhr wurden 5 Fuß 2 Zoll Wasser gepeilt und am 7. Mai Morgens 7 Uhr schlugen die Pumpen bei ruhigem Wetter und stiller See lenz. Da der Wind wieder aufzufrischen begann und die Mannschaft völlig erschöpft war, wurde um 9 Uhr der in Sicht befindlichen Bark „Adelaide" Nothsignal gezeigt; dieselbe blieb in der Nähe. Die Mannschaft fuhr bis zum 9. Mai 4 Uhr Morgens, mit gebotener Abwechselung, mit Pumpen fort, erklärte dann aber, daß sie es nicht mehr länger aushalten könnte und abgeborgen sein wolle. Nunmehr gab der Schiffer nach, ließ das große Boot aussetzen und mit den Effecten der Mannschaft beladen, worauf ein Theil der letzteren sich auf die „Adelaide" begab, während der Schiffer um 12 Uhr nachfolgte. Um 8 Uhr hatte der Schiffer bei den Pumpen 8 Fuß, um 12 Uhr 11 Fuß 8 Zoll Wasser gepeilt. Das Wetter war derzeit schön. Am 6. Juni ist die Besatzung in Barrow gelandet.

Dies ist der Thatbestand, wie er sich aus dem Journal und der von dem Steuermann und sechs Mann der Besatzung vor dem Amtsgericht in Barth eidlich abgelegten Verklarung ergiebt. Zimmermann Röhl, Segelmacher Steinort und Matrose Kraeft haben auch vor dem Seeamt eidlich bekundet, daß die Mannschaft wegen Uebermüdung die Pumpen nicht mehr hat bedienen können, daß ihr die Handgelenke geschwollen waren. Ueber den Wasserstand bei den Pumpen konnte sie aus eigener Wissenschaft nichts angeben, da die Peilung von Schiffer und Steuermann bewirkt ist.

Die Besatzung des Schiffes „Bonderennen" hat die Bark am 25. Mai 1885 betreten und alte Segel, Taue, Ketten ꝛc. geborgen. Alle Sachen von Werth waren fort, am Bug hing ein Stück abgebrochenes Schlepptau.

Bei dieser Sachlage hat der Reichscommissar wesentlich in Rücksicht auf das Verhalten des Schiffers bei dem ersteren Unfall den Antrag gestellt, ihm die Befugniß zur Ausübung des Schiffergewerbes zu entziehen.

Diesem Antrage hat aus folgenden Gründen stattgegeben werden müssen.

Die Aufgabe der Bark vor Lissabon war in keiner Weise gerechtfertigt. Hierzu hat weder der Wasserstand, noch die Uebermüdung der Mannschaft genöthigt. Sind nach mindestens 1½stündigem Ruhen der Pumpen nur 22 Zoll Wasser im Schiffe, wie nach der Aussage des Schiffers Brandt nicht zu bezweifeln, gefunden, dann kann von irgend einer erheblichen Leckage nicht die Rede sein. Uebermüdung der Mannschaft konnte bei solchem Zustande und einer Entfernung von nur 30 Seemeilen von der Küste bei gutem Wetter die Aufgabe des Schiffes überhaupt nicht rechtfertigen. Sie kann aber in irgend erheblichem Grade auch gar nicht eingetreten gewesen sein, weil man über 24 Stunden gutes Wetter hatte und in dieser Zeit die Mannschaft durch Pumpen nicht angestrengt sein kann. Daß sie noch leistungsfähig war, ergiebt sich daraus, daß sie zum Theil beim Bergen der Bark geholfen hat, zum andern Theil aber auf Deck des Dampfers blieb, ohne das Bedürfniß nach Schlaf zu empfinden. Auf die Disciplin wirft es ein bedenkliches Licht, daß der Steuermann es wagte, die Nothflagge ohne vorgängiges Benehmen mit dem Schiffer zu heißen. Nachdem letzterer hiervon Kenntniß erhalten, war es seine Pflicht, seinerseits zu prüfen, ob hierzu Veranlassung vorlag. In dieser Beziehung hat er aber seine Pflichten gröblich verletzt. Obschon er wußte, daß sein Schiff nur bei schlechtem Wetter viel Wasser machte, und obschon er wegen Ermüdung der Mannschaft auf der Suche nach einem Nothhafen war, hat er es dennoch unterlassen, bei Eintritt ruhigen Wetters sich durch Peilen der Pumpen darüber zu vergewissern, ob das Schiff an den vorhergehenden Tagen nur das übliche Wasser in Folge Schlingerns in der hohen See gemacht hat oder eine außergewöhnliche Leckage eingetreten ist. Von dem Wasserstande bei den Pumpen vor der Aufgabe des Schiffes hat er sich nicht überzeugt. Da das Schiff weder schief, noch irgend auffällig tief lag, erscheint die Annahme gerechtfertigt, daß der Schiffer, wenn ihm in der That vom Zimmermann 8 Fuß Wasser gemeldet sind, von deren Richtigkeit gar nicht überzeugt war, daß er vielmehr trotz besseren Wissens dem Zeugen Brandt den Wasserstand so hoch angegeben hat. Er hat ferner augenscheinlich nach Lissabon nicht hinkommen wollen, da er das Anrufen von Lootsen gar nicht versucht hat, auch sich in der Nacht vom 13. zum 14. Dezember offenbar absichtlich von der Küste hat forttreiben lassen, während es nach Wind und Wetter ihm sehr wohl möglich gewesen wäre, seine Segelung so einzurichten, daß er in der Nähe der Küste blieb und bei Tagesanbruch Lissabon anlaufen konnte. Verpflichtet, seinerseits auf die Bergung der Bark seitens des Dampfers hinzuwirken, hat er Alles gethan, um den Zeugen Brandt von dieser Absicht abzubringen. Alle diese Umstände in Verbindung damit, daß der Schiffer die Deckslukon hat öffnen lassen, um das schnellere Sinken in Folge des über Deck kommenden Wassers herbeizuführen, lassen keinen Zweifel darüber, daß er, obschon anscheinend ohne eigenes materielles Interesse, darauf ausgegangen ist, sich der Bark zu entledigen. Daß dies nicht gelungen, ist nicht sein Verdienst. Seiner Rhederei hat er ohne Noth die Ausgabe des hohen Bergelohns verursacht.

Nach diesem Vorgang hätte das Seeamt Bedenken tragen müssen, lediglich auf die Aussage des Schiffers Wilschky, von dessen Beeidigung Abstand genommen ist, als feststehend anzunehmen, daß am 9. Mai 1885 um 8 Uhr Morgens 8 Fuß und um 12 Uhr 11 Fuß 8 Zoll Wasser bei den Pumpen gepeilt worden sind. Da indeß der Steuermann Kraeft die hierauf bezügliche Eintragung im Journal bei der Verklarung vor dem Amtsgericht Barth eidlich bestätigt hat, muß bis zum Beweise des Gegentheils dieser Wasserstand als richtig angenommen werden.

Die Pumpen sind vom 7. Mai 7 Uhr Morgens, als sie lenz schlugen, bis zum 9. Mai 8 Uhr Morgens nicht gepeilt. Ist der Wasserstand aber, obschon Wind und See sich beruhigt hatten, von 8 bis 12 Uhr von 8 Fuß auf 11 Fuß 8 Zoll gestiegen, dann ist davon auszugehen, daß das Schiff nicht bloß in hoher See, sondern immer erheblich geleckt hat. Immerhin war dieser Wasserstand in dem voll Holz geladenen Schiffe noch nicht besorgnißerregend, auch lag bei längerem Aufenthalt auf dem Schiffe noch nicht Gefahr für das Leben der Mannschaft vor, da dasselbe auf der Ladung schwimmen mußte, wie dies thatsächlich fast 3 Wochen lang der Fall gewesen ist. Den Schiffer trifft aber der Vorwurf, daß er nicht versucht hat, durch Abfüttern, wozu er sich das Material durch Ansägen der Holzladung leicht beschaffen konnte, das Schiff abzudichten, und daß er unterlassen hat, bei dem eingetretenen guten Wetter die Deckslast zu werfen. Wäre letzteres geschehen, dann wäre die Gefahr des Kenterns aller Voraussicht nach gänzlich ausgeschlossen gewesen. Unter diesen Umständen konnte das Seeamt sich nicht davon überzeugt halten, daß die Aufgabe des Schiffes damals bereits geboten war. In Berücksichtigung aber der Ermüdung der Mannschaft und des Standortes des Schiffes, welcher die Erreichung eines Nothhafens, wenn auch nicht als unmöglich, so doch nicht gerade als wahrscheinlich erscheinen läßt, ist die Aufgabe noch als entschuldbar angenommen.

Auf Grund des §. 26 des Gesetzes vom 27. Juli 1877 und §. 31 der Gewerbeordnung ist demnach dem Schiffer die Befugniß zur Ausübung des Schiffergewerbes entzogen. Die Ausübung des Steuermannsgewerbes ist ihm belassen.

## 74. Spruch des Seeamts zu Flensburg vom 2. Dezember 1885, betreffend den Seeunfall des Schraubendampfers „Union" von Flensburg.

Der Spruch des Seeamts lautet:

daß der Schiffer Peter Jensen v. Barm aus Flensburg den Unfall dadurch verschuldet hat, daß er ohne Ansehen der Karte und Beachtung der vorhandenen Seezeichen auf die auf dem sogenannten Stubben-Riff befindliche Steinmole fuhr,

daß demselben die Befugniß zur Ausübung des Schiffergewerbes zu entziehen unter Belassung der Befugniß zur Ausübung des Steuermannsgewerbes.

Gründe. Der Schiffer Peter Jensen v. Barm hatte mit dem von ihm geführten, in Flensburg beheimatheten Schraubendampfer „Union", Unterscheidungssignal LMBH, vermessen zu 743,1 cbm = 262,31 britischen Register-Tons Netto-Raumgehalt, auf der Reise von Libau nach Schiedam am 28. April 1885 die Kopenhagener Rhede angelaufen, um Kohlen einzunehmen. Nachdem dies geschehen, wurde Morgens um 8 Uhr die Reise fortgesetzt, ohne einen Lootsen mitzunehmen. Das mit Getreide beladene Schiff lag hinten 12 Fuß 9 Zoll und vorne 12 Fuß 1 Zoll tief.

An Bord befand sich eine im Jahre 1882 herausgegebene dänische Seekarte vom Sunde mit einer Spezialkarte der Kopenhagener Rhede und der ihr zunächst gelegenen Gewässer im Maßstabe von 1 : 60000.

Nach dieser Karte führt das Fahrwasser von der Rhede nordwärts zwischen der östlich liegenden Batterie „Trekoner" und der westlich liegenden durch drei in nordöstlicher Richtung aufeinander folgende rothe Tonnen markirten Stubben-Bank hindurch. Auf der Karte ist auch eine im Jahre 1877 auf der Stubben-Bank errichtete Steinmole verzeichnet und dabei bemerkt, daß dieselbe 10 Fuß unter Wasser liege. Die Steinmole befindet sich ungefähr eine Seemeile nördlich von „Trekoner" und läuft von Westen nach Osten quer über die Stubben-Bank. Ihr östliches Ende ist ungefähr 1 1/3 Kabellängen von der nördlichsten der drei rothen Tonnen entfernt. Sie wird markirt durch eine Reihe über ihr liegender grüner Tonnen.

Ohne sich die Karte anzusehen und die vorhandenen Seezeichen zu beachten, setzte der Schiffer, als er „Trekoner“ passirt hatte, seinen Curs auf NNO. Mit diesem Curse ließ er die beiden nördlichen rothen Tonnen an Steuerbord, anstatt, wie es nach der Karte sein sollte, an Backbord. Um 8 Uhr 30 Minuten stieß das Schiff ungefähr 2⅔ Kabellängen WNW von der letzten rothen Tonne auf die Steinmole, glitt aber, ohne fest zu kommen, darüber hinweg. Es zeigte sich alsbald, daß die Schraube nicht mehr functionirte. Mit Mühe gelang es noch um die rothe Tonne herum zu fahren und dann unter Assistenz eines Lootsen nach etwa einer Stunde den Hafen von Kopenhagen zu erreichen. Hier stellte sich bei näherer Untersuchung heraus, daß drei Schraubenflügel abgeschlagen und vorne unter dem Boden an Steuerbordseite 4 Platten beschädigt waren. Die Ladung wurde nunmehr gelöscht und dann das Schiff ins Trockendock gebracht, um reparirt zu werden. Die Reparaturkosten und was damit zusammenhängt belaufen sich auf ungefähr 7000 Kronen.

Der Schiffer ist im Besitze eines am 24. Januar 1885 von der Königlichen Regierung in Schleswig ausgestellten Zeugnisses über die Befähigung zum Schiffer auf großer Fahrt.

Der Reichscommissar hat beantragt, daß ihm die Befugniß zur Ausübung des Schiffergewerbes entzogen werde.

---

Wie der Schiffer selbst hat anerkennen müssen, hat er den Unfall durch seine eigene Fahrlässigkeit verschuldet. Der Unfall ist allein dem Umstande zuzuschreiben, daß der Schiffer ohne Rücksicht auf die Karte und die vorhandenen Seezeichen dahinfuhr und dabei außerhalb des markirten Fahrwassers gerathend, mit dem Schiffe auf die Steinmole stieß.

Er führt zu seiner Entschuldigung an, daß er vor dem Jahre 1878, wo noch die Steinmole nicht vorhanden war, zu öfteren Malen mit einem Segelschiffe denselben Curs gefahren sei, ohne aufzustoßen, und daß er in Unkenntniß über die mittlerweile angelegte Steinmole angenommen habe, die Stubben-Bank habe überall Wasser genug für den Tiefgang seines Schiffes. Gleichzeitig mußte er aber zugeben, daß er später wiederholt dasselbe Gewässer befahren, dann aber einen Lootsen an Bord gehabt und sich selbst nicht um das Fahrwasser gekümmert habe.

Dem Schiffer war, wie geschehen, die Befugniß zur Ausübung des Schiffergewerbes zu entziehen, weil er bei dem vorliegenden Unfall eine solche Sorglosigkeit und einen so großen Mangel an Vorsicht an den Tag gelegt hat, daß ihm die selbständige Führung eines Schiffes nicht mehr anvertraut werden darf.

## 75. Spruch des Seeamts zu Flensburg vom 3. Dezember 1885, betreffend den Seeunfall der Schoonerbrigg „Benedicta“ von Apenrade.

Der Spruch des Seeamts lautet:

daß der Unfall einer nicht in der Karte verzeichneten, nach Osten setzenden Strömung zuzuschreiben ist.

Gründe. An der Westküste Afrikas, ungefähr 1½ Seemeilen von der Mündung des Niger, an dessen linken Ufer liegt ein kleines Dorf mit dem Namen Akassa. Am rechten Ufer des Niger, etwas weiter landeinwärts und reichlich 2 Seemeilen von der Mündung, befindet sich eine englische Faktorei. Bei dieser Faktorei hatte die in Apenrade beheimathete Schoonerbrigg „Benedicta“, Unterscheidungssignal LKNW, vermessen zu 700,4 cbm = 247,24 britischen Register-Tons Netto-Raumgehalt, in der Zeit vom 21. August bis 4. September 1885 eine Ladung Palmkerne eingenommen. Das Schiff wurde geführt von dem Schiffer Jes Peter Jensen aus Kolstrup bei Apenrade und war nach Falmouth bestimmt. Nach eingenommener Ladung lag es vorne 11 Fuß 11 Zoll und hinten 12 Fuß 7 Zoll tief.

An Bord befand sich eine englische Seekarte mit folgendem Titel:

Niger River (Nun Entrance). Surveyed by Lieutt. A. Mostyn Field, R. N. Assisted by the Officers of H. M. S. Pioneer and the Agents of the British and African Steam Navigation Company 1881.

Nach dieser Karte ist das Fahrwasser im Flusse und eben außerhalb der Mündung ungefähr eine halbe Seemeile breit. Die angegebenen Tiefen bewegen sich an beiden Seiten zwischen 20 und 30 Fuß. Nach derselben läuft die Strömung bei Ebbezeit in und außerhalb der Mündung in der Richtung des Flusses, mißweisend SW½W. Erst 1½ bis 2 Seemeilen weiter südlich zeigt die Karte eine ungefähr südlich setzende Strömung.

Am 4. September 1885 Nachmittags 3 Uhr lichtete die „Benedicta" die Anker und trieb mit der Ebbeströmung den Fluß hinunter. Der Wind wehte aus SW, es war eine mäßige Brise. Gegen 5 Uhr Nachmittags, als man ungefähr eine Seemeile südlich von dem am linken Ufer an der Mündung liegenden Vorsprunge — Palm Point — angekommen war, trieb das Schiff dicht an die östliche Seite der Fahrrinne. Um von hier fortzukommen, ließ der Schiffer die Anker fallen und den Bug des Schiffes durch hart Steuerbordruder nach Westen bringen. Man lothete damals 4½ Faden Wasser. Als das Schiff in die richtige Stellung gebracht war, nahm man die Anker wieder auf. Nach dem Aufhieven der Anker zeigte das Loth nur noch 18 Fuß Wasser. Noch ehe man dazu kam, die Segel los zu machen, um nach der andern Seite hinüber zu segeln, stieß das Schiff schon bei 15 Fuß Wasser auf den Grund und drehte sich dann mit dem Bug in den Wind. Nachdem es noch einige Male heftig aufgestoßen war, legte es sich mit der Backbordseite soweit über, daß die Masten horizontal über dem Wasser zu liegen kamen. Die von SW kommende See brach dann über das Deck und füllte das Schiff mit Wasser. Unter diesen Umständen und da Hülfe vom Lande nicht zu erwarten war, weil an der Mündung des Flusses überall keine Menschen wohnen, blieb der Besatzung nichts übrig, als in einem Boote das Schiff zu verlassen. Es gelang auch, das Großboot ins Wasser zu bringen und die gesammte aus 9 Personen bestehende Besatzung darin aufzunehmen. Nur einige Kleidungsstücke, die gerade zur Hand waren, konnten ins Boot gebracht werden, alles Uebrige, auch die Schiffspapiere, mußte im Stich gelassen werden, weil das ganze Schiff durch die darüber rollende Brandung gleich unter Wasser gesetzt wurde und jeden Augenblick ganz zu kentern drohte.

Die Besatzung überließ das Schiff seinem Schicksale und versuchte zunächst wieder nach der Mündung des Flusses zurück zu rudern. Dies erwies sich aber als unausführbar, weil eine starke nach Osten laufende Strömung das Boot ostwärts trieb. Sie ließen sich nun ostwärts längs der Küste treiben, bis sie am dritten Tage, also am 6. September 1885, in einer ihnen unbekannten Bucht landeten. Mit Hülfe zweier schwarzer Fischer und nach vielen Schwierigkeiten und Widerwärtigkeiten kamen sie am 9. September 1885 Nachmittags 4 Uhr bei der Faktorei gegenüber von Akassa wieder an. Nach drei Tagen reisten sie mit dem englischen Dampfer „Mandingo" nach Liverpool. Als sie mit dem Dampfer die Unfallstelle passirten, ragten von dem Schiffe nur noch einige Inhölzer aus dem Wasser hervor, sonst war jede Spur verschwunden. Von Liverpool ist die Besatzung durch Vermittelung des Kaiserlich deutschen Consulats nach Hamburg befördert worden.

Das verloren gegangene Schiff war zum größten Theil Eigenthum des Schiffsrheders Raben in Apenrade. Es war im Jahre 1880 erbaut, vom Büreau Veritas in der 1. Classe classificirt und für 30000 M. versichert.

Der Schiffer Jensen befand sich im Besitze eines von der Königlichen Regierung in Schleswig im Jahre 1874 ausgestellten Zeugnisses über die Befähigung zum Schiffer auf großer Fahrt. Dasselbe ist mit den übrigen an Bord befindlichen Papieren verloren gegangen.

---

Im Revier von Akassa sind weder Lootsen noch Schleppdampfer vorhanden. Der Führer der „Benedicta" war deshalb beim Aussegeln lediglich auf sich selbst angewiesen. Nach der ihm vorliegenden Karte war der Schiffer zu der Annahme berechtigt, daß auch vor der Mündung des Niger die Strömung nach Süden setze. Wenn trotzdem das Schiff, als um 5 Uhr Nachmittags die Anker gehoben waren, nach Osten über die Fahrrinne hinaus anstatt nach Süden getrieben wurde, so kann dies nur seinen Grund darin haben, daß thatsächlich an der Stelle, wo man zu Anker ging, nicht eine nach Süden gehende, sondern eine starke östliche Strömung war. Für Letzteres spricht besonders auch der Umstand, daß man nach dem Aufgeben des Schiffes mit dem Boote von einer so starken östlichen Strömung erfaßt wurde, daß man nicht wieder in das Revier von Akassa hineinkommen konnte. So mußte es geschehen, daß das Schiff, ehe man die Segel beisetzen konnte, über die Fahrrinne hinaus nach Osten in seichteres Wasser getrieben wurde und hier auf den Grund stieß. Daß es bei einer Wassertiefe von 15 Fuß auf den Grund stieß, obwohl es selbst nur 12 Fuß tief ging, erklärt sich durch den dort allezeit vorhandenen hohen Seegang, welcher stellenweise die Tiefe des Wassers um mehrere Fuß verminderte. War das Schiff einmal festgekommen, so war an ein Abbringen desselben nicht zu denken. Die starke Dünung, welche gleich über das Schiff hinrollte, machte es zunächst der Besatzung unmöglich, an Bord zu bleiben und etwas für die Bergung des Schiffes zu thun, die See mußte auch in verhältnißmäßig kurzer Zeit das Schiff zum Kentern bringen und damit dessen gänzliche Vernichtung herbeiführen.

Der Unfall ist hiernach dadurch veranlaßt worden, daß der Schiffer durch die ihm vorliegende Karte über die Strömung irre geleitet wurde. Hätte er die östliche Strömung gekannt, so würde er ohne Zweifel nicht an der betreffenden Stelle die Anker gelichtet, sondern mit Hülfe der Anker das Schiff weiter nach Westen gebracht und damit das Abtreiben nach Osten vermieden haben.

Daß auf der Karte die Strömung nach Osten nicht angegeben ist, findet seine natürliche Erklärung darin, daß vermuthlich zur Zeit, als die Karte herausgegeben wurde, die Strömung so lief, wie sie auf der Ersteren verzeichnet ist. An solchen Stellen nämlich, wo allezeit der ganze atlantische Ozean mit seiner Wassermasse auf die Küste drängt, sind die Strömungen sehr wenig constant, sie verändern sich erfahrungsmäßig im Laufe der Zeiten oft in sehr erheblichem Maße.

Kann auch dem Schiffer im Allgemeinen hinsichtlich der Navigirung nichts zur Last gelegt werden, so darf es doch nicht unerwähnt bleiben, daß er richtiger gehandelt hätte, wenn er, anstatt das Schiff treiben zu lassen, Segel geführt hätte. Ohne Segel war das Schiff völlig steuerlos und jedem unerwarteten Zufall preisgegeben. Mit Segeln würde es immer unter Steuer zu halten und damit vielleicht ein rechtzeitiges Entkommen aus der gefährlichen Lage zu bewirken gewesen sein. Es gilt unter Seeleuten allgemein als richtig, ein Schiff, wenn es beim Ausgehen aus einem Flusse wie hier conträren Wind hat, nicht ohne Segel treiben zu lassen, weil die Strömungen außerhalb der Mündungen sehr veränderlich sind und es deshalb auf alle Fälle rathsam ist, das Schiff unter Steuer zu behalten.

## 76. Spruch des Seeamts zu Brake vom 7. Dezember 1885, betreffend den Seeunfall der Bark „Apollo" von Elsfleth.

Der Spruch des Seeamts lautet:

Die Ursache des in der Kohlenladung des Schiffes „Apollo" auf der Reise von Newcastle o/T nach Anjer ausgebrochenen Feuers ist der Selbstentzündung der Kohlen zuzuschreiben und trifft die Besatzung in keinem Punkte ein Verschulden.

Gründe. Die eiserne Bark „Apollo", Unterscheidungssignal NGCS,

Heimathshafen Elsfleth, Schiffer J. H. Hustede, hatte vom Kaiserlichen Consulat zu Hartlepool ein Flaggenattest erhalten, worin der Netto-Raumgehalt auf 1157,61 britische Register-Tons angegeben war. Das Schiff hatte am 4. Juli 1884 seine erste Reise von Newcastle o/T nach Anjer oder Batavia mit einer Ladung Kohlen angetreten. Als es sich am 5. November auf ungefähr 40° Südbreite und 64° Ostlänge befand, ohne daß bis dahin etwas Besonderes vorgefallen war, bemerkte man aus den Luken aufsteigenden Rauch und schwefeligen Brandgeruch. Es wurden nun die Luken, welche bis dahin so viel als möglich offen gehalten waren, sowie die Ventilatoren dicht geschlossen; trotzdem erfolgte bereits am folgenden Tage eine heftige Explosion, durch welche eine Vor- und die Hinterluke unter dem Halbdeck aufsprangen und 5 Verschlußstücke der ersteren über Bord geschleudert wurden. Man schloß die Luken thunlichst wieder. Obwohl die Ladung zunehmend sich erhitzte, so erreichte das Schiff doch am 3. Dezember 1884 Batavia, wo die Ladung baldmöglichst, zum Theil zu Coaks verbrannt, gelöscht wurde.

Dieser Verlauf ist nach der beim deutschen Consulat zu Batavia am 11. Dezember 1884 von der gesammten Besatzung abgelegten Verklarung und den Aussagen des Schiffers Hustede und des ersten Steuermanns Bleeker in der Verhandlung vor dem Seeamt festgestellt.

Durch Ermittelungen, welche vom deutschen Consulat in Newcastle o/T auf Ersuchen des Seeamts vorgenommen, ist ferner festgestellt, daß die Ladung in 1764 Tons Kohlen bestanden hat, welche frisch gebrochen aus einer Mine abgeladen wurden, daß die Kohlen in großen Stücken und gut gesiebt waren, und daß sie in trockenem Zustande und bei trockenem Wetter abgeladen sind.

Es kann nach dem Ergebniß der Untersuchung nicht zweifelhaft sein, daß eine Selbstentzündung der Kohlen den Brand verursacht hat. Da die Gründe der Selbstentzündung von sachverständiger Seite noch nicht übereinstimmend und mit völliger Sicherheit beurtheilt werden, so kann es sich für das Seeamt nicht um deren Erforschung, sondern nur darum handeln, ob die Einrichtung des Schiffes oder die Handlungsweise der Besatzung von Einfluß auf die Entzündung gewesen ist.

Da das Schiff drei Ventilatoren für den Laderaum hatte, und außerdem die drei eisernen Masten der Ventilation dienten, so können in dieser Beziehung keine Ausstellungen erhoben werden; insbesondere kann es keinen Mangel begründen, daß eine durchgehende Ventilation nicht eingerichtet war, weil über den Werth solcher unter den Sachverständigen keineswegs Einverständniß herrscht.

Auch die vom Schiffer Hustede zur Bekämpfung der Gefahr ergriffenen Maßregeln sind sämmtlich durchaus richtig gewesen, sowohl daß er vor Ausbruch des Feuers die Luken möglichst viel offen hielt, als auch, daß er von der Entdeckung der Entzündung an den Raum gänzlich abschloß.

## 77. Spruch des Seeamts zu Emden vom 12. Dezember 1885, betreffend den Seeunfall der Brigg „Castor" von Oldersum.

Der Spruch des Seeamts lautet:

Die Strandung der Brigg „Castor" ist auf mangelhafte Beschaffenheit der Barre von Tampico zurückzuführen.

Gründe. 1. Die seit März 1885 in Oldersum heimathliche, im Jahre 1864 zu Brake erbaute Brigg „Castor", Unterscheidungssignal NDBC, vermessen zu einem Netto-Raumgehalt von 633,9 cbm = 223,77 britischen Register-Tons und im Allein-Eigenthum des Schiffers Egbertus Sweer Valk stehend, ist am 24. Juli 1885 auf der Barre von Tampico gestrandet.

2. Das gedachte Schiff war beim Büreau Veritas classificirt, am 3. April 1885 durch einen Experten der Gesellschaft in Antwerpen revidirt und hatte nach dem betreffenden Revisionsvermerke Classe 3/3 A. 1. 1. Am 2. Mai 1885 ging die Brigg sodann mit einer Besatzung von im Ganzen 8 Personen und einer aus Maschinentheilen für eine Zuckerfabrik bestehenden Ladung, mit welcher sich ihr Tiefgang auf 12 Fuß englisch stellte, von Antwerpen nach Tampico in See und traf am 11. Juli 1885 ohne irgend welchen Unfall vor der Barre von Tampico ein, wo sie von einem Lootsen auf 8 Faden Wasser vor Anker gelegt wurde.

3. Nachdem hiernächst bis zum 23. Juli ein Theil der Ladung gelöscht und die Brigg bis auf einen Tiefgang von 8½ Fuß englisch auf ebenem Kiel gelichtet war, sollte dieselbe am Morgen des 24. Juli unter Führung eines Lootsen nach Tampico über die Barre eingeschleppt werden. Letztere ist nach Angabe des Schiffers mit irgend welchen Seezeichen überall nicht versehen, auch wegen häufiger Veränderung der Sände sehr unzuverlässig; übrigens wurde dem Schiffer

nach dessen und des Steuermanns übereinstimmenden Aussagen von dem betreffenden Lootsen beim Beginn des Schleppens versichert, daß auf der Barre ein Wasserstand von 9 Fuß englisch sei, nach den ferneren Angaben des Steuermanns indessen erst etwa 2 Stunden nach Hochwasser mit dem Schleppen begonnen.

4. Als die Barre erreicht war, begann das Schiff zu stoßen und blieb, nachdem sich das zu mehreren Malen wiederholt hatte, endlich sitzen, worauf der Schleppdampfer die Trosse schlippte und sich in einiger Entfernung vor Anker legte. Durch ein in der Nähe befindliches Lootsenboot wurde dann zwar nochmals eine Trosse nach dem Dampfer übergebracht, letzterer schlippte jedoch auch diese wieder und ließ die Brigg, welche inzwischen so leck wurde, daß schon am Vormittag des 24. Juli 3 Fuß Wasser im Raum standen, aufs Neue im Stich.

5. Obgleich gegen Mittag der deutsche Consul mit einer Assistenz von 9 Personen nach dem „Castor" hinauskam, blieben die Versuche, das Schiff wieder abzubringen, erfolglos. Ebensowenig führten die bis zum 28. Juli fortgesetzten Versuche, dasselbe wieder abzuhieven, zu einem Resultat und wurde alsdann an letzterem Tage mit dem Bergen der Ladung begonnen. Damit kam man am 5. August zu Ende und ist hiernächst bis zum 8. August auch noch die Bergung des Inventars beschafft, das Schiff selbst aber vollständig verloren gegangen.

6. Nach den vorstehenden Feststellungen, die sich auf die Aussagen des Schiffers und Steuermanns, sowie die von der Besatzung des „Castor" beim Kaiserlichen Consulat in Tampico belegte Verklarung, bezw. das an Bord des „Castor" gehaltene Journal gründen, liegt keine Veranlassung vor, dem Schiffer oder Steuermann irgend ein Verschulden an dem hier fraglichen Unfall beizumessen, vielmehr ist die Ursache des letzteren zunächst in den ungünstigen Verhältnissen der Barre von Tampico zu suchen.

7. Daneben bietet die stattgehabte Verhandlung zwar nicht bloß zu Zweifeln darüber Veranlassung, ob der an Bord des „Castor" befindlich gewesene Lootse in ausreichendem Maße seiner Pflicht genügt, insbesondere darauf Bedacht genommen hat, sich über den Wasserstand auf der Barre zu vergewissern, bevor er den Schiffer zum Einsegeln veranlaßte, sondern scheint auch das Verhalten des Schleppers, welcher zweimal die Trosse schlippte, ohne daß dafür ein genügender Grund ersichtlich wäre, in hohem Grade auffällig; für ein zutreffendes Urtheil

in solchen Beziehungen war jedoch das Ergebniß der stattgehabten Verhandlung als ausreichend nicht zu erachten.

## 78. Spruch des Seeamts zu Hamburg vom 12. Dezember 1885, betreffend den Seeunfall der Bark „Henriette Behn" von Hamburg.

Der Spruch des Seeamts lautet:

Die Strandung und der in Folge dessen eingetretene Verlust der Hamburger Bark „Henriette Behn" in Mazatlan am 15. Oktober 1885 ist dadurch verursacht, daß die Steuerbordankerkette brach und das Schiff durch den starken auflandigen Wind und den hohen Seegang auf den Strand getrieben wurde.

Dem Schiffer und seiner Mannschaft ist ein Verschulden an dem Unglücksfall nicht beizumessen.

Gründe. Am 15. Oktober 1885 strandete während eines heftigen Sturmes auf der Rhede von Mazatlan die in Hamburg heimathsberechtigte, 1769,8 cbm oder 624,73 britische Register-Tons Netto-Raumgehalt messende Bark „Henriette Behn", Unterscheidungssignal RDCF, Schiffer Emil Ohnsorg, und wurde wrack.

Das Schiff war im Jahre 1872 in Oevelgönne bei Altona aus Eichenholz erbaut, hatte bis zum Jahre 1887 die Classe 3/3 L. 1. 1. und gehörte der Rhedereifirma F. Laeiß in Hamburg.

Die einschließlich des Schiffers aus 14 Mann bestehende Besatzung, ein an Bord befindlicher Zolloffizier und ein an Bord gerufener deutscher Arzt wurden gerettet, aber mit Verlust sämmtlicher persönlicher Habe, der Instrumente und der Schiffspapiere.

Das Schiff hatte Hamburg am 17. Mai 1885 mit einer Ladung Stückgüter für Mazatlan verlassen. Nach 137tägiger Reise wurde der Ordreplatz südlich von der Insel Creston erreicht und das Schiff noch an demselben Tage nach erhaltener Ordre durch einen Lootsen auf der Rhede von Mazatlan auf 12 Faden verankert. Am 5. Oktober um 9 Uhr 30 Minuten ging das Schiff bei mäßigem NOWind, aber drohend aussehender Luft und fallendem Barometer wieder in See, da einer jener gefährlichen auf die Küste zu von seewärts einsetzenden Stürme zu erwarten war. Um 4 Uhr Nachmittags wehte es bereits so stark, daß das Schiff vor beiden Untermarssegeln und dem Vorstengestagsegel über Backbordhalsen beigedreht werden mußte.

Der Wind, welcher jetzt SO war, nahm so sehr zu, daß alle drei Segel zerrissen und festgemacht werden mußten. Nach 10 Uhr Abends ließ der mit orkanartiger Gewalt wehende Wind allmälig nach und holte südlicher, auch fing um Mitternacht das Barometer an zu steigen, worauf dementsprechend wieder Segel gesetzt wurden. An den nächsten Tagen war der Wind so flau, daß die „Henriette Behn" erst am 8. Oktober Mazatlan wieder erreichen und am alten Ankerplatz mit dem Steuerbordanker und 45 Faden Kette verankert werden konnte. Ein Regierungslootse befand sich an Bord eines anderen dort zu Anker gehenden Schiffes und gab durch Zeichen zu verstehen, wo das Schiff zu Anker gebracht werden sollte. Nach Peilung lag das Schiff Creston-Leuchtfeuer in W½N, Klein-Creston in NOzN, Black Rock in Süd.

Bis zum 14. Oktober wurde das Schiff bis unter die Zwischendecksbalken entlöscht. Während dieser Zeit war schönes Wetter mit leichter Dünung von SW. Am 15. Oktober war der Wind Morgens flau, südöstlich mit etwas zunehmender Dünung aus SW. Schiffer Ohnsorg ließ, als ihm dies vom ersten Steuermann gemeldet wurde, ein Springtau hinten von Backbord nach der Steuerbordkette nehmen und im Uebrigen Alles segelfertig machen, um eventuell wieder in See zu gehen, falls die See noch höher werden sollte. Um 10 Uhr hatte die Dünung noch mehr zugenommen, ein Untersegelgehen war aber unmöglich, da kein genügender Wind vorhanden war. Strom und See würden in solchem Falle das Schiff jedenfalls auf die gefährlichen steilen Felsen der Insel Creston getrieben haben.

In unmittelbarer Nähe der „Henriette Behn" lag die derselben Rhederei gehörige Bark „Patagonia", mit welcher die erstere über das Untersegelgehen signalisirte. Die „Patagonia" konnte sich gleichfalls nicht zu diesem Manöver entschließen. Auf der „Henriette Behn" wurde nun das Springtau von der Kette genommen und alles klar gemacht, um den zweiten Anker fallen zu lassen. Als man zu diesem Zweck Steuerbordkette stecken wollte, brach, noch ehe man dies ausgeführt, in Folge einer hohen, gegen den Bug rollenden See die Ankerkette 3 bis 4 Fuß vor der Klüse. In demselben Augenblick ließ der auf der Back befindliche erste Steuermann den Backbordanker fallen und 50 Faden Kette stecken. Mehr Kette konnte nicht gesteckt werden, da das Schiff im Treiben dem kleinen Creston zu nahe gekommen war und von dort bereits den Grundschwell zurückerhielt. Nachdem dann noch ein Gien auf die Backbordkette gesetzt war, machte man den Versuch, auch den dritten und vierten Anker klar zu machen, jedoch ohne damit zu Stande zu kommen, da die See fortwährend über die Back rollte.

Das Schiff war mittlerweile den Klippen von Klein-Creston noch näher getrieben und stieß nunmehr fortwährend so stark auf, daß ein Brechen der Masten befürchtet werden mußte. Nach Aussage einiger der Leute soll alsdann auch die Backbordkette gebrochen sein, nach Ansicht des zweiten Steuermanns Maletzky war dies nicht der Fall. Es war jetzt wohl eine halbe Stunde verflossen seit dem Bruch der Steuerbordkette. Da man nun sah, daß das Auswerfen eines ferneren Ankers nicht mehr von Nutzen sein konnte, setzte man das Großstengestagsegel, das Besahnstagsegel und den Besahn, um die Bark, wenn noch möglich, dichter unter Klein-Creston zu bringen, wo die See weniger hoch war. Allein das Schiff saß schon so fest, daß dies Manöver mißlang. Die See rollte jetzt über das ganze Deck hin, so daß die Mannschaft sich in die Wanten zu bergen versuchte. Auf Ordre des Schiffers wurden jetzt die Schwimmgürtel vertheilt und darauf die Gig ausgesetzt, um mit derselben unter Führung des zweiten Steuermanns den Theil der Mannschaft an das Land zu setzen, welcher nicht schwimmen konnte. Um 11 Uhr verließ das Boot das Schiff mit 8 Personen der Mannschaft, dem Zollbeamten und dem Arzt. Letzterer war am 14. Oktober Abends an Bord gekommen, um den schon seit 2 Tagen am gelben Fieber erkrankten Schiffer in Behandlung zu nehmen.

Der an Bord verbliebene Theil der Besatzung machte sich nun daran, das zweite auf dem Deckhaus liegende Boot zu Wasser zu bringen, mußte aber der überbrechenden Seen halber diese Arbeit wieder aufgeben und sich nach dem Hinterdeck zurückflüchten. Man sah nun ein größeres Boot durch die Brandung sich heranarbeiten, dem es auch endlich gelang, an die Leeseite des Schiffes zu kommen und hier den letzten Theil der Leute aufzunehmen, indem dieselben über Bord sprangen und dann in das Boot gezogen wurden. Schiffer Ohnsorg, welcher trotz seiner Erkrankung während des ganzen Unfalls das Commando führte, und der Steuermann waren vorher noch in die Cajüte gegangen, um das Journal und die Schiffspapiere zu retten, doch gelang dies nicht mehr, da das Wasser schon zu hoch in derselben stand. Das Journal, welches der Steuermann bereits erfaßt hatte, wurde demselben von einer See wieder aus der Hand geschlagen.

Als die Letzten verließen der Steuermann und der Schiffer Ohnsorg das Schiff, nachdem sie sahen, daß dasselbe in der Mitte gebrochen, die Cajüte voll Wasser war und die Sturzseen bis hoch in die Wanten darüber hinrollten, ein Bleiben an Bord somit mit höchster Lebensgefahr verbunden war. Auch sie mußten sich durch einen Sprung in das Wasser retten. Es war dies um 12 Uhr; der Wind war nach Süden herumgegangen und wehte in einer Stärke von 9 bis 10, auch war die See noch immer im Zunehmen.

Nach dem Bericht des Kaiserlich deutschen Consulats zu Mazatlan ist die Rettung des Schiffers, des ersten Steuermanns und der vier an Bord bis zuletzt verbliebenen Matrosen nur dem Muth und der rechtzeitigen Ankunft der Besatzung des Bootes des Hafenkapitäns Higinio Canudas aus Mazatlan zuzuschreiben. Das Boot, in welchem sich die 7 Mexikaner befanden, konnte nur mit Lebensgefahr für diese längsseits der verunglückten Bark gelangen und das Rettungswerk durchführen.

Das Seeamt will nicht unterlassen, das durch den Consulatsbericht bezeugte muthige Verhalten jenes Hafenkapitäns und seiner Mannschaft auch seinerseits lobend anzuerkennen und der Hoffnung Ausdruck zu geben, daß höheren Ortes dies den Betreffenden in geeignet erscheinender Weise zur Kenntniß gebracht werde.

Die Ursache der Strandung und des Verlustes erblickt das Seeamt lediglich in dem Bruch der Steuerbordankerkette und in den elementaren Gewalten, welche das Schiff nach eingetretener Katastrophe rettungslos auf jene gefährliche Küste trieben.

Die vor dem Seeamt stattgehabte Vernehmung des Schiffers, des ersten Steuermanns und des Matrosen Lepin in Verbindung mit den ausführlichen Depositionen der übrigen Mannschaft vor dem deutschen Consulat zu Mazatlan haben dem Seeamt die Ueberzeugung gegeben, daß in keiner Weise Handlungen oder Unterlassungen des Schiffers und seiner Mannschaft jenen Unfall mitherbeigeführt haben. Hat sich durch die Beweisaufnahme auch nicht mit Sicherheit das Alter und die Stärke jener gebrochenen Kette feststellen lassen, so hat sich andererseits auch nicht ergeben, daß Mängel in der Ausrüstung vorgelegen.

# 79. Spruch des Seeamts Brake vom 19. Dezember 1885, betreffend den Seeunfall der Bark „Apollo" von Elsfleth.

Der Spruch des Seeamts lautet:

Die Strandung der Bark „Apollo" in der Nacht vom 3. auf 4. April 1885 bei False Divy Point im bengalischen Golf ist durch eine nicht vorauszusehende nördliche Strömung herbeigeführt.

Den Schiffer Hustede trifft dabei kein Verschulden.

Der als Ober-Steuermann fungirende Schiffer Bleeker hat den Unfall insofern verschuldet, als er nach der Beobachtung des Nordsterns bei der Berechnung der Breite einen Irrthum beging und den Curs beibehielt, während bei richtiger Rechnung die Gefahr von ihm zu erkennen und der Curs rechtzeitig zu ändern gewesen wäre.

Demselben wird die Befugniß zur Ausübung des Schiffergewerbes belassen.

Gründe. Die eiserne Bark „Apollo", Unterscheidungssignal NGCS, Heimathshafen Elsfleth, nach dem Flaggenattest von 1157,61 britischen Register-Tons Netto-Raumgehalt, Schiffer J. H. Hustede, ist in der Nacht vom 3./4. April 1885, als sie auf der Reise von Batavia nach Bassein sich befand, bei False Divy Point im Bengalischen Golf gestrandet, und ist am 16. Mai anscheinend ohne erheblichen Schaden genommen zu haben, bei hohem Wasserstand wieder abgebracht worden. Die seeamtliche Untersuchung hat zunächst folgendes Ergebniß der Beweisaufnahme gehabt, welches beruht auf den Aussagen des Schiffers Hustede, des als Ober-Steuermann an Bord befindlich gewesenen Schiffers Bleeker, von welchen der erstere auf Beschluß des Seeamts beeidigt ist, ferner auf dem Inhalt des Schiffsjournals, auf der vorgelegten an Bord in Gebrauch gewesenen Seekarte und auf der Einsicht der vom Schiffer Bleeker in der Verhandlung vor dem Seeamt vorgelegten Journalkladde.

Der Schiffer Hustede nahm seinen Curs wegen des herrschenden NO Monsums und der damit regelmäßig im Golf von Bengalen verbundenen Windstille an der Coromandel-Küste. Am 3. April hatte er zur Berichtigung des Chronometers Land gemacht und hatte Mittags den Schiffsort (die Länge nach Uferpeilungen) auf 14° 28′ Nordbreite und 80° 18′ Ostlänge festgestellt. Von hier beabsichtigte er längs der Küste zu steuern, nachdem er in der Segelanweisung gefunden hatte, daß der Strom hier stets derselben parallel setze. Bis

4 Uhr Nachmittags wurde (bei SSOWind) NzW½W, dann aber, da der Wind SO wurde, NO½O, von 8 Uhr Abends NO¾O gesteuert und ¼ Strich Abtrift angenommen, so daß man rechnete, von False Divy Point 14 Seemeilen frei zu steuern. Während des Nachmittags hatte man an einem vor Anker liegenden Küstenfahrzeug eine Stromversetzung vom Lande ab beobachtet. Um 8 Uhr begann die Wache des Steuermanns Bleeker, gegen 9 Uhr begab der Schiffer Hustede sich zur Coje.

Die Steuerleute hatten strenge Ordre, zur Regulirung des Compasses den Nordstern häufig zu beobachten. Die Nacht war sternhell, über dem Lande die Luft häsig. Um 10 Uhr 20 Minuten nahm der Steuermann Bleeker eine Nordsternhöhe, welche mit 14° 35′ in das Schiffsjournal eingetragen ist, welche sich jedoch, wie nachher im Näheren auszuführen sein wird, als anders beobachtet herausgestellt hat. Um 12 Uhr 15 Minuten lief das Schiff auf den Strand in weichem Muddgrund, in welchem es sich bald einwühlte und war trotz aller Anstrengungen nicht abzubringen. Die Strandungsstelle (wie sie vom Schiffer Hustede auf seiner Karte bezeichnet ist) liegt genau Nord (nach dem Compaß) 29 Seemeilen von dem angenommenen Besteckſort.

In Beziehung auf die erwähnte Beobachtung des Nordsterns hat der Schiffer Hustede ausgesagt, der Steuermann Bleeker habe ihn wiederholt gebeten, die Höhe nachträglich ins Journal einzutragen, und habe im letzteren dieselbe mit Bleistift vermerkt, wie sie demgemäß denn auch nachher von ihm eingetragen sei.

Bleeker hat in der Verhandlung des Seeamts erklärt, er habe sich, als er dem Schiffer die gefundene Nordsternhöhe im Journal vorgemerkt habe, geirrt, die Höhe sei von ihm auf 14° 15′ beobachtet, (nicht 14° 35′) er habe nach seiner Beobachtung gleich die Breite berechnet, und habe sie bis auf 2 Minuten mit der Loggrechnung gestimmt.

In der von ihm in Folge Anordnung des Seeamts vorgelegten Journalkladde findet sich nun freilich die erstere Höhe von 14° 15′ eingetragen, aber offenbar ist gerade an dieser Stelle radirt und die Eintragung auf die Radirung gemacht. Zudem hat der Schiffer Hustede bekundet, daß er Bleeker später beim wiederholten Nachrechnen der Breite nach dieser Beobachtung um Aufklärung angegangen, aber solche nicht erhalten habe und daß er dabei in dem von Bleeker benutzten Rechenbuche ebenfalls an der hier fraglichen Stelle eine Radirung bemerkt habe, so daß damals gleich der Verdacht einer von Bleeker beabsichtigten Entstellung des wahren Sachverhalts bei ihm habe entstehen müssen. Nun ergiebt aber die in das Journal eingetragene Höhe (14° 35′) die Breite von 15° 33′, dagegen die in der Journalkladde nach erfolgter Radirung vermerkte Höhe (14° 15′) die Breite von 15° 13′. Diese letztere ist annähernd diejenige, auf welcher das Schiff nach dem angenommenen Besteck stehen sollte; die erstere ist diejenige, auf welcher es thatsächlich gestanden hat. Hiernach kann es keinen Zweifel leiden, daß vom Steuermann Bleeker die Beobachtung so gemacht ist, wie sie später nach der von ihm selbst gemachten Notiz ins Journal eingetragen worden, daß bei der Berechnung der Breite aus dieser Beobachtung, als er sie mit der Loggrechnung bis auf ein Kleines übereinstimmend fand, ein Rechnungsfehler untergelaufen ist, daß die Aufzeichnung in der Journalkladde nachträglich von Bleeker geändert ist, um die Wahrheit zu entstellen, und daß seine auf diesen Punkt bezüglichen Aussagen vor dem Seeamt, bei denen er über die Radirungen keinerlei Aufklärung gegeben hat, unwahre sind.

Die Versetzung des Schiffs aus dem Besteck wird vom Schiffer Hustede lediglich einer starken nach Norden, also in die Bucht hinein setzenden Strömung zugeschrieben und hat sich auf eine vom Hafenbeamten in Masulipatam ihm nach dem Unfalle ausgestellte (zu den Akten eingelieferte) Bescheinigung berufen, in welcher auf Grund 10jähriger Beobachtung bezeugt wird, daß in der hier fraglichen Gegend der Strom in der Zeit vom März bis Ende August stark nördlich setze; gleichzeitig wird hierfür die Erklärung gesucht in dem alsdann stark aus dem Kistna-Fluß sich ergießenden Strom und einer seitlich der Flußmündung hervorgerufenen Gegenströmung.

Der Schiffer Hustede hat in Beziehung auf die Dienstführung Bleekers erklärt, daß er sich keiner sonstigen Unrichtigkeiten in den Bestecksrechnungen desselben, soweit er sie mit ihm gemeinsam gemacht habe, erinnere, daß er im Allgemeinen die Dienstführung des Bleeker nicht als eine mangelhafte bezeichnen könne, indessen habe derselbe den Dienst nicht ernst aufgefaßt.

Vom Reichscommissar ist beantragt, dem Steuermann Bleeker die Befugniß zur Ausübung des Schiffergewerbes zu entziehen.

Bei der Feststellung der Ursachen der Strandung kommt vor Allem das Verfahren bei der Navigirung seitens des Schiffers Hustede und des Steuermanns Bleeker in Frage.

Dem Ersteren kann nach Ansicht des Seeamts keine Verschuldung an der Strandung beigemessen werden. Der von ihm gewählte Curs längs der Küste erscheint aus dem angegebenen Grunde, daß er dort zu jener Zeit frischere Brise zu erwarten hatte, gerechtfertigt, und nach den Angaben der Segelanweisung über den längs der Küste setzenden Strom konnte eine Gefahr darin nicht erblickt werden. Dies in Beziehung auf die Curse des letzten Tages um so weniger, als man, wie nach den Aussagen des Schiffers Hustede anzunehmen ist, an diesem Tage sogar eine östlich setzende Strömung beobachtet hatte. Wenn trotzdem in den letzten 12 Stunden vor der Strandung, wie der Ort derselben ergiebt, und wie sie durch die vorgelegte Bescheinigung eine Erklärung findet, eine starke nördliche Stromversetzung stattgefunden hat, so ist dieser in erster Linie die Strandung zuzuschreiben. Die Strömung war aber nicht vorher zu sehen, und deshalb ist der Schiffer Hustede in Betreff der Cursbestimmung von jeder Verantwortung frei.

Dagegen hätte die Strömung auf der Wache des Steuermanns Bleeker erkannt werden können, wenn dieser aus der Beobachtung der Nordsternhöhe die richtige Folgerung gezogen hätte. Nach dem bereits ausgeführten Ergebniß der Beweisaufnahme würde die richtige Berechnung gezeigt haben, daß das Schiff auf der Breite von 15° 33′, also in gefährlicher Nähe des Landes sich befand, und es würde die durch diese Erkenntniß zweifellos veranlaßte und bei südlichem Winde leicht auszuführende Aenderung des Curses das Schiff frei von dem Strande gebracht haben. Nächst der Strömung muß daher dem Umstande die Strandung zugeschrieben werden, daß der Steuermann Bleeker bei der Berechnung der Breite sich geirrt hat.

Es erübrigt, da hiernach ein Verschulden des Steuermanns Bleeker als die Ursache des Unfalls festgestellt ist, die Entscheidung in Beziehung auf den vom Reichscommissar gestellten Antrag, dem Bleeker die Befugniß zur Ausübung des Schiffergewerbes zu entziehen.

Das Verschulden an sich, den Irrthum bei der Breitenberechnung, kann das Seeamt als ein schwerwiegendes nicht ansehen, nachdem aus den Aussagen des Schiffers Hustede erhellt, daß das Versehen ein durchaus vereinzeltes war. Es hat nun allerdings die Untersuchung andere Momente ergeben, welche die Dienstführung und die Persönlichkeit des Bleeker in ein ungünstiges Licht stellen. Es ist bezeugt, daß er im Allgemeinen seinen Dienst nicht ernst auffaßt; die Verhandlung selbst hat den Beweis geliefert, daß er in der Journalkladde eine Radirung und Aenderung vorgenommen und vor dem Seeamt unwahre Angaben gemacht hat, beides um die Wahrheit in Beziehung auf sein Versehen zu entstellen.

Das Seeamt kann indessen darin einen genügenden Grund zu der beantragten Patententziehung nicht finden. Beide Punkte stehen nicht in ursächlicher Beziehung zu dem Unfall, auch dem gewissenhaften Schiffer kann ein Irrthum in der Rechnung passiren und die erwähnten Entstellungen der Wahrheit berühren, wenn sie auch in moralischer Beziehung die Persönlichkeit herabzusetzen geeignet sind, die Befähigung als Schiffer nicht unmittelbar. Der Beruf des Schiffers stellt zwar auch an die moralischen Eigenschaften Forderungen; der Mangel solcher scheint aber dem Seeamt im vorliegenden Falle nicht in einem so hohen Grade nachgewiesen, daß die Voraussetzungen der Befähigung zum Schiffer als nicht vorhanden zu betrachten wären.

Aus diesen Gründen war dem Steuermann Bleeker sein Schifferpatent zu belassen.

## 80. Spruch des Seeamts zu Brake vom 19. Dezember 1885, betreffend den Zusammenstoß des Everkahns „Harmonie" von Elsfleth mit dem Dreimastschooner „Republik" aus Großefehn, in der Nähe von Skagen.

Der Spruch des Seeamts lautet:

> Die Ursache des Zusammenstoßes der Schiffe „Harmonie" und „Republik" in der Bucht von Skagen am 11. August 1885 ist ein fehlerhaftes Manöver des Schiffes „Republik", welches vor dem Bug der „Harmonie" vorüberzugehen versuchte, während es hätte abhalten müssen und dann die Collision vermieden hätte.

Gründe. Am 11. August 1884 Abends etwa 9 Uhr 15 Minuten ist in der Nähe von Skagen-Feuerschiff der Everkahn „Harmonie" von Elsfleth, Unterscheidungssignal NFGJ und 290,8 cbm oder 102,65 britische Register-Tons Netto-Raumgehalt groß, mit dem dreimastigen Schooner „Republik" von Großefehn, Unterscheidungssignal RDHM, vermessen zu 479,9 cbm = 169,40 britischen Register-Tons Netto-Raumgehalt, zusammengestoßen und haben dabei beide Schiffe, am meisten das erstere, Beschädigungen erlitten.

Das Ergebniß der Beweisaufnahme in der darüber eingeleiteten seeamtlichen Untersuchung ist Folgendes:

Die „Harmonie", 1874 erbaut, geführt vom Schiffer J. Oldenburg in Barssel, befand sich auf der Reise von Bremerhaven nach Istadt mit einer Ladung Petroleum.

Die „Republik", 1868 erbaut, wurde von dem Schiffer H. Lücht geführt.

Beim Seeamt sind die Besatzungen beider Schiffe als Zeugen vernommen, außerdem hat eine Augenscheinseinnahme auf dem Everkahn „Harmonie" nach erfolgter Wiederherstellung desselben stattgefunden.

Zweifellos und unbestritten ist zunächst, daß beide Schiffe, als sie in der Bucht von Skagen sich zu der genannten Zeit begegneten, bei steifer Brise aus SzO bis SSO und gut feuersichtiger Luft am Winde lagen, die „Harmonie" mit Steuerbord- die „Republik" mit Backbordhalsen; erstere mit backgebraßtem Marssegel, um nicht vor Tagesanbruch Skagen zu passiren. Die „Republik" kreuzte nach dem Lande zu, um sich einen Ankerplatz zu suchen. In der Nähe war eine große Zahl anderer Schiffe.

Ueber den Zusammenstoß ist von den beiderseitigen Besatzungen, und zwar von den verschiedenen Zeugen desselben Schiffes im Wesentlichen übereinstimmend, Folgendes ausgesagt:

1. Von Seiten der „Harmonie":

Um 9 Uhr 15 Minuten habe man 2 bis 3 Strich über den Backbordbug ein rothes Licht, bald darauf aber ein grünes Licht gesehen, welches bereits ganz in der Nähe gewesen, so daß man das Schiff selbst gesehen habe; trotz allen Zurufs habe dasselbe nicht abgehalten, habe vielmehr die „Harmonie" mit dem Steven in den Backbordbug getroffen, so, daß der Bugspriet beim Eselshaupte, die Regeling und Schanzkleidung an zwei Stellen gebrochen, der Schanddeckel verschoben und zersplittert, die Vorsegel sämmtlich beschädigt wurden. Die Schiffe seien einander Längsseite gekommen; der Anker der „Republik" sei zwischen den Fockrüsten und eine der Stützen der „Harmonie" gerathen und nicht zu lösen gewesen, bis die Kette von der „Republik" geslippt sei. Man habe der letzteren wiederholt zugerufen, zum Losmachen des Ankers Hülfe zu senden, aber vergebens. Um den Namen des Schiffes sei man nicht angerufen worden, habe dasselbe aber auch nicht der „Republik" angegeben.

2. Von Seiten der „Republik":

Etwa drei Strich in Lee voraus habe man ein rothes Licht gesehen, vor welchem man abgehalten habe; nachdem man dicht hinter dem Schiffe herumgegangen, sei wieder angeluvt worden; während dessen habe man wieder in Lee voraus zwei rothe Lichter bemerkt, das erste etwa 2½ bis 3 Strich über den Bug, das zweite etwa 1 Strich mehr und etwas weiter entfernt. Der Schiffer Lücht habe nun sofort Befehl zum Wenden gegeben; während das Schiff in der Wendung gelegen, sei es vorn von der „Harmonie" angerannt worden, und seien dabei die Klüvergeien und das Wasserstag gebrochen, der Klüverbaum ausgesetzt etc. Der Anker habe sich an der „Harmonie" festgehakt und habe man die überholten 15 Faden Kette laufen lassen und die Kette nach kurzer Zeit geslippt. Noch während die Kette ablief, habe man von der Back nach dem Namen ꝛc. des Schiffes gerufen, aber keine Antwort erhalten, obwohl die Zeugen glauben, daß der Zuruf gehört sein müsse. Das eigene Schiff zu nennen, habe kein Grund vorgelegen, weil von der „Harmonie" der Name des Schiffes und des Schiffers herübergerufen, also schon bekannt gewesen sei.

Der Schiffer Lücht hat sein Manöver dadurch zu begründen versucht, daß er ausgeführt hat, erst als er vor dem ersten Schiff abgehalten und bereits wieder an den Wind gekommen sei, habe er das rothe Licht der „Harmonie" bemerkt und gleichzeitig das leewärts von dieser befindliche rothe Licht eines anderen Fahrzeugs; er habe nun wohl von der „Harmonie" abhalten können, nicht aber vor dem letzteren Fahrzeug, würde vielmehr durch Abhalten mit diesem sicher zusammengestoßen sein, und habe deshalb nur den Ausweg gehabt, durch rasches Wenden vor dem Bug der „Harmonie" vorüberzukommen, wie dies ihm auch noch möglich geschienen habe.

Von der Besatzung der „Harmonie" will keiner bemerkt haben, daß die „Republik" bei der Collision in der Wendung gelegen habe.

Nach der Aussage des Steuermanns Friedrichs von der „Harmonie" hat derselbe leewärts keine Schiffe in der Nähe gesehen, das nächste sei hinter ihnen etwa in der Kiellinie 4 bis 5 Kabellängen entfernt gewesen.

Nach der Collision ist die „Harmonie" nach Gothenburg gegangen und ist dort reparirt worden.

Bei der Besichtigung des Schiffes „Harmonie" durch das Seeamt hat sich gefunden, das an der Backbordseite im Brechen des Buges die beiden oberen Plankengänge, der Schanddeckel, der Wassergang und drei Deckplanken erneuert waren, in dem oberen Balkwegergange, vom Vorsteven etwa 3½ Meter entfernt, war ein Spund von ungefähr 30 □-Centimeter eingesetzt, welche Stelle vom Schiffer als diejenige bezeichnet ist, an welcher das Schiff vom Steven der „Republik" getroffen ist.

Nach diesem Ergebniß der Beweisaufnahme läßt sich der Verlauf und die Ursache der Collision mit Sicherheit bestimmen.

Hierbei ist angenommen, daß die „Harmonie" OzS, die „Republik" SW angelegen hat, und daß von der letzteren das rothe Licht der „Harmonie" nicht, wie ausgesagt ist, 2½ bis 3 Strich, sondern etwa 1 Strich über den Steuerbordbug, das andere rothe Licht einen Strich seitlicher gesichtet ist. Denn, wenn wirklich das Licht der „Harmonie" so gestanden hätte, wie behauptet ist, dann hätte die bald nach dem Erblicken des Lichts in die Wendung gebrachte „Republik" die „Harmonie", welche mit backem Marssegel eine sehr geringe Fahrt und starke Abtrift hatte, überhaupt nicht treffen können. Es ist denn auch die Richtung, in welcher zuerst das rothe Licht der „Harmonie" von der „Republik" aus gesehen ist, vom Schiffer Lücht und dem Steuermann Streichau in der Verhandlung auf einer Zeichnung in einer Weise dargestellt worden, welche ihren Aussagen nicht entspricht; vielmehr hat dabei der Schiffer Lücht die Richtung so bezeichnet, daß das rothe Licht der „Harmonie" 1½ Strich, und der Steuermann Streichau so, daß es kaum ½ Strich über Steuerbordbug gesehen sei, während von beiden das Licht des dritten Schiffes etwa 1 Strich seitlicher bezeichnet ist.

Am einfachsten wird die Situation, wie sie aus den beiderseitigen Aussagen erhellt, durch die folgende Zeichnung veranschaulicht:

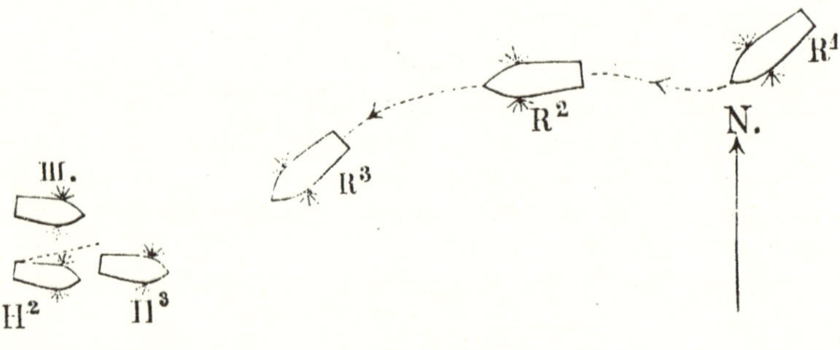


In der mit R₂ und H₂ bezeichneten Position waren die Schiffe, als zuerst das rothe Licht der „Republik" von der „Harmonie" aus bemerkt wurde; es war dies, während die „Republik", um dem ersten begegnenden Schiffe aus dem Wege zu gehen, abhielt. Die mit R₃ und H₃ bezeichnete Position ist diejenige, in welcher von der „Republik" aus zuerst das rothe Licht der „Harmonie" und des dritten Schiffes III wahrgenommen ist.

Bei dieser Position der Schiffe war das Manöver der „Republik", vor dem Bug der „Harmonie" zu wenden, ein fehlerhaftes und hat zur Folge gehabt, daß sie in den Backbordbug der „Harmonie" gerannt ist.

Der Schiffer Lücht, welchem oblag, der „Harmonie" aus dem Wege zu gehen, hätte richtig gehandelt, wenn er vor der „Harmonie" abgehalten hätte; daß dies nicht geschah, hatte seinen Grund darin, daß die Lichter der „Harmonie" und des dritten Schiffes nicht frühzeitig genug bemerkt worden sind. Sie hätten bemerkt werden können, während die „Republik" vor dem ersten Gegensegler abhielt, (Position $R_2$ und $H_2$ der Zeichnung) denn zu dieser Zeit ist das rothe Licht der „Republik" von der „Harmonie" aus wahrgenommen. Wenn nun der Schiffer Lücht, nachdem er die beiden rothen Lichter gesehen hatte, nicht mehr abhielt, weil er fürchtete, daß sein Schiff nicht so rasch abfallen werde, um die Collision mit dem dritten Schiffe zu vermeiden, so hält das Seeamt zwar diese Befürchtung für kaum berechtigt; einer sicheren Feststellung darüber bedarf es nicht, weil dem Schiffer Lücht es als Fehler zur Last zu legen ist, daß die beiden Lichter nicht früher bemerkt sind, in welchem Falle das Schiff anstatt wieder anzuluven, im Abhalten verblieben wäre, bis es klar von den begegnenden Schiffen war.

Als ein erhebliches Verschulden des Schiffers Lücht kann indessen sein fehlerhaftes Handeln nicht betrachtet werden, weil durch die vielen gleichzeitig in der Nähe befindlichen Schiffe seine Aufmerksamkeit von vielen Seiten in Anspruch genommen werden mußte, und es daher entschuldbar erscheint, sowohl daß er die Lichter nicht schon bemerkte, während er noch im Begriffe war, dem ersten Schiffe auszuweichen, als auch, daß er nachher bei dem sofort zu fassenden Entschluß die Gefahr der Collision mit dem dritten Schiffe anscheinend für zu groß hielt und sich dadurch bewegen ließ, zu wenden.

Schließlich giebt die Untersuchung zu der Bemerkung Veranlassung, daß vom Schiffer Oldenburg die Vorschrift der Kaiserlichen Verordnung vom 15. August 1876 über das Verhalten der Schiffe nach einem Zusammenstoß von Schiffen auf See (§. 2), daß vor der Fortsetzung der Fahrt jeder Schiffsführer dem anderen Namen, Unterscheidungssignal 2c. seines Schiffes anzugeben hat, wenn dies ohne Gefahr für das Schiff geschehen kann, nicht erfüllt ist. Dabei nimmt das Seeamt auf Grund der Aussagen der Besatzung an, daß die von der „Republik" wiederholt zugerufene Frage nach dem Namen des Schiffes nicht gehört ist. Dagegen wird eine Uebertretung dieser Vorschrift von Seiten des Schiffes „Republik" nicht anzunehmen sein, weil die darin aufgestellte Verpflichtung dann als hinfällig angesehen werden muß, wenn, wie in diesem Falle, der Führer des anderen Schiffes bereits in Kenntniß vom Namen des eigenen Schiffes ist, und dieses zu erkennen giebt.

## 81. Spruch des Seeamts zu Brake vom 11. Juli 1885 und Entscheidung des Kaiserlichen Ober-Seeamts vom 21. Dezember 1885, betreffend den Seeunfall der Schoonerbrigg „Hansa" von Brake.

Der Spruch des Seeamts lautet:

Die Strandung der Schoonerbrigg „Hansa" bei Ostby auf Oeland am 23. November 1884 ist dem Verschulden des Schiffers Bolwin und des Steuermanns Peters zuzuschreiben, indem der erstere versäumt hat, bei Beginn seiner Wache um 8 Uhr Morgens sich über den Schiffsort genügend zu orientiren, den Feuerthum von Segersta mit demjenigen auf der Südspitze Oelands verwechselt und danach die Curse so gesetzt hat, daß das Schiff auf den Strand kam, während der Steuermann Peters bei Beendigung seiner Wache um 8 Uhr Morgens es unterlassen hat, dem Schiffer Bolwin die während seiner Wache zurückgelegte Fahrt zu melden und so dessen Irrthum über den Schiffsort mit veranlaßt hat.

Dem Schiffer Bolwin ist die Befugniß zur Ausübung des Schiffergewerbes zu belassen.

Gründe. Die Schoonerbrigg „Hansa" aus Brake, Unterscheidungssignal NFLP, vermessen zu 711,9 cbm oder 251,29 britischen Register-Tons Netto-Raumgehalt, geführt von dem Schiffer Joh. Gerh. Bolwin aus Papenburg, verließ am 21. November 1884 den Hafen von Westerwitz in Schweden mit einer aus Eisen und Holz bestehenden, nach Rio de Janeiro bestimmten Ladung. Am 22. November Nachmittags segelte man um die Nordspitze Oelands und dann die Küste entlang. Nach dem Inhalt des Schiffsjournals und den Aussagen des Schiffers Bolwin und des Steuermanns Peters war der weitere Verlauf der Fahrt folgender: In der Nacht vom 22. auf den 23. November 1884 sah man das Feuer von Kappelludden um Mitternacht von oben in SWzW, um 2 Uhr von Deck in WSW nach dem Compaß. Der Wind war nördlich, flau, die Luft bezogen. Es wurde SWzS gesteuert bis um 9 Uhr Vormittags. Um 5 Uhr 30 Minuten Morgens wurde Kappelludden-Feuer NWzW nach dem Compaß in ungefähr 8 Seemeilen Abstand gepeilt. Bald darauf begann Schneegestöber. Die Brise nahm zu. Um 9 Uhr (man glaubte seit 5 Uhr 30 Minuten 24 Seemeilen gemacht zu haben) ließ der Schiffer Bolwin, welcher seine Wache Vormittags von 8 bis 12 Uhr hatte, SW steuern, um die Südspitze Oelands in Sicht zu bekommen. Der Wind war unbeständig; es blieb mit einzelnen Unterbrechungen dick von Schnee. Um 11 Uhr 15 Minuten erblickte man die Küste und schätzte die seit 9 Uhr gesegelte Entfernung auf 14 Seemeilen. Um 11 Uhr 30 Minuten sah der Schiffer Bolwin einen Feuerthurm in SWzW und hielt ihn für den auf der Südspitze Oelands. Demgemäß ließ er sofort SzO steuern, um die Riffe zu meiden. Nachdem er eine halbe Stunde diesen Curs beibehalten, ließ er die kleinen Segel wegnehmen und den Curs WSW auf Sandhammer setzen. Dann gingen Schiffer und Steuermann in die Cajüte zum Essen. Um 12 Uhr 30 Minuten stieß das Schiff auf Grund und blieb sitzen. Die Versuche, es mit den Segeln abzubringen, gelangen nicht. Zunächst wurde, als man bei aufklarendem Wetter das Land erblickte, der Steuermann an Land geschickt, welcher um 2 Uhr 30 Minuten zurückkam und ein Boot vom Lande mitbrachte. Der Ort der Strandung war bei Ostby dicht unter der Küste. Da das Schiff stark aufstieß und die Küste weit hinaus mit Eis besetzt war, so daß ein Landen Nachts nicht möglich schien, verließ die ganze Besatzung das Schiff noch am Nachmittage und rettete sich an das Land, bewachte es jedoch von der Küste aus. Später wurde mit einer Bergungsgesellschaft ein Vertrag gemacht, doch gelang das Abschleppen nicht; erst am 22. Dezember, nachdem das Eisen den Boden des Schiffes bereits gebrochen, hat ein Sturm das Schiff über den Grund geworfen, und ist es dann auf der Ladung schwimmend von einem Schleppdampfer nach Kalmar einbugsirt, wo es reparirt worden ist.

Diesem vom Seeamt als feststehend angenommenen Thatbestande ist aus der Beweisaufnahme und Verhandlung vor dem Seeamt noch das Folgende hinzuzufügen:

In der Verhandlung vor dem Seeamt am 26. Februar 1885 war von der Schiffsbesatzung nur der Steuermann Peters anwesend, welcher nach geschehener Vernehmung auf seine Aussagen beeidigt worden ist. Die Verhandlung ist sodann vertagt und sind in der ferneren Verhandlung am 1. Juli 1885 der Schiffer Bolwin und der Steuermann Peters vernommen worden.

Von den übrigen Personen der Schiffsbesatzung sind drei, nämlich der Matrose H. M. Frost, der Leichtmatrose H. J. Frost und der Leichtmatrose Werner auf Ersuchen des Seeamts von den Gerichten ihres Aufenthaltsorts als Zeugen eidlich vernommen, und ist durch deren Aussagen festgestellt, daß während der Wache des Schiffers von 8 bis 12 Uhr nicht geloggt ist, daß zu der Zeit, als das Schiff aufstieß, nur der Rudersmann an Deck, die übrige Besatzung sämmtlich beim Essen war, daß ein Mann zum Ausguck nicht beordert war, daß vielmehr der Schiffer Bolwin, als er zum Essen in die Cajüte ging, dem am Ruder stehenden Matrosen H. M. Frost eingeschärft hat, gut nach Land auszusehen.

Vom Kaiserlich deutschen Consulate in Kalmar ist auf Ersuchen des Seeamts um Vornahme der zur Feststellung des Thatbestandes erforderlichen Maßregeln u. A. eine Bescheinigung des britischen Vice-Consuls von Oeland beigebracht, dahin lautend, es sei von demselben am ganzen Tage der Strandung in Ostby der Strom nach nördlicher Richtung setzend beobachtet worden.

Die auf dem Schiffe benutzte Seekarte hat bei der seeamtlichen Verhandlung vorgelegen, ebenso ist zur Verhandlung vom Schiffer Bolwin das von ihm benutzte Leuchtfeuerbuch eingeliefert. Nach seiner und des Steuermanns Aussage ist der in dem letzteren bereits verzeichnete neue Leuchtthurm bei Segersta, welcher in seine Seekarte noch nicht eingetragen war, auf der Hinreise nach Schweden gesehen und in der Karte durch einen Punkt mit Dinte bezeichnet worden. Aus den Vernehmungen des Schiffers und Steuermanns ist ferner hervorzuheben:

Der Steuermann Peters hat ausgesagt: Vom Passiren des Feuers von Kappelludden um 5 Uhr 30 Minuten Morgens an habe das Schiff während seiner Wache eine Fahrt von 3 bis 4 Seemeilen in der Stunde gehabt, bei der Uebergabe der Wache habe er dem Schiffer Bolwin die Peilung während seiner Wache mitgetheilt. Ueber den von ihm während seiner Wache gesteuerten Curs hat er widersprechende Angaben gemacht; zuerst hat er ihn von 6 Uhr Morgens an als SW angegeben, später sagt er aus, er habe überhaupt einen festen Curs nicht gesteuert, derselbe sei nach seiner Schätzung SW¾S einschließlich ½ Strich Abtrift gewesen.

Der Schiffer Bolwin hat erklärt, er habe vor dem Festgerathen des Schiffes in dem Glauben gestanden, daß der um 11 Uhr 30 Minuten gesichtete Feuerthurm der auf Oelands Südspitze sei, während er thatsächlich den neuen Thurm bei Segersta gesehen haben müsse; an diese Möglichkeit habe er nicht gedacht, und sei dieser Irrthum um deswillen verzeihlich, weil bei Beginn seiner Wache um 8 Uhr Morgens der Steuermann ihm mitgetheilt habe, daß von 5 Uhr 30 Minuten an 6 bis 7 Seemeilen in der Stunde gelaufen seien und er darnach die durchgelaufene Entfernung von der letzten Peilung von Kappelludden Feuer (5 Uhr 30 Minuten) an bis 9 Uhr Vormittags auf 24 Seemeilen habe annehmen müssen.

Der Steuermann Deters hat mit voller Bestimmtheit behauptet, dem Schiffer Bolwin jene Mittheilung nicht gemacht zu haben.

Beide sagen darin übereinstimmend aus, daß sie sich nicht erinnerten, beim Wechsel der Wache um 8 Uhr Fahrt und Ort des Schiffes auf der Karte abgesetzt zu haben, in welcher letzteren sich auch, als sie beim Seeamt eingereicht ist, keinerlei Spuren einer solchen Eintragung gefunden haben.

Der Schiffer Bolwin sucht die Ursache der Strandung in der unrichtigen Angabe des Steuermanns über die Fahrt des Schiffes und in dem nördlich setzenden Strom, welchen er nicht habe kennen können.

Vom Reichscommissar ist ausgeführt, daß die Strandung lediglich durch Verschulden des Schiffers Bolwin herbeigeführt sei, und ist beantragt, demselben die Befugniß zur Ausübung des Gewerbes als Schiffer zu entziehen.

Die Ursache der Strandung liegt zweifellos in dem Irrthum des Schiffers Bolwin, welcher den um 11 Uhr 30 Minuten in SWzW gepeilten Thurm für denjenigen auf der Südspitze Oelands gehalten hat, während es der neue Thurm bei Segersta gewesen ist, und in der ersteren Annahme seine weitere Fahrt eingerichtet hat, welche bestimmt war, das Schiff von den Riffen an der Südspitze Oelands frei in den Curs auf Sandhammer zu bringen. Der Irrthum, welcher wegen des vor dem Thurm auf der Südspitze liegenden, ganz flachen Landes an sich nicht auffällig erscheint, beruhte im Wesentlichen auf der unrichtigen Annahme der in der Zeit von 5 Uhr 30 Minuten bis 8 Uhr zurückgelegten Entfernung, indem hierfür eine Fahrt des Schiffes von 6 bis 7 Seemeilen in der Stunde in Rechnung gebracht, und darnach um 9 Uhr eine Distanz von 24 Seemeilen als von der letzten Landpeilung um 5 Uhr 30 Minuten zurückgelegt angenommen ist. Nach der vom Steuermann Deters wiederholt gemachten und beeidigten Aussage, welche als beweisend erachtet ist, hatte das Schiff in der Zeit von 5 Uhr 30 Minuten Morgens bis 8 Uhr eine Fahrt durchschnittlich von 3 bis 4 Seemeilen in der Stunde und demnach im Ganzen 7 bis 10 Seemeilen weniger zurückgelegt, als der Schiffer Bolwin angenommen hat. Dieser Unterschied genügt unter Hinzurechnung der durch das britische Consulat festgestellten nördlichen Strömung zur Erklärung des unrichtigen Bestecks, da der Feuerthurm von Segersta ungefähr 11½ Seemeilen von dem auf der Südspitze Oelands entfernt liegt.

Für die Frage, in wie weit der Irrthum den Betheiligten zum Verschulden anzurechnen ist, kommt zunächst in Betracht, wie die sich widersprechenden Aussagen des Schiffers Bolwin und des Steuermanns Deters über die Mittheilungen des letzteren beim Wechsel der Wache um 8 Uhr Morgens beurtheilt werden. Das Seeamt hat hierbei als erwiesen angenommen, daß dem Schiffer Bolwin vom Steuermann nur die letzte Peilung des Feuers Kappelludden um 5½ Uhr, dagegen nichts Sicheres über die seitdem zurückgelegte Fahrt mitgetheilt ist. Es geht aus den Aussagen beider hervor, daß der Austausch und die Bestimmung des Schiffsortes in sehr mangelhafter Weise erfolgt ist. Es war aber eine möglichst sorgfältige Feststellung des Schiffsorts um so mehr geboten, als man in der Nähe der Küste segelte und das Wetter Orientirung an der Küste nur ausnahmsweise zuließ. Die Verantwortung trifft in erster Linie den Schiffer Bolwin, welcher verpflichtet war, sich über die zurückgelegte Fahrt zu vergewissern. Daß er dies unterließ, überhaupt den Curs auf der Karte nicht absetzte, muß als eine erhebliche Nachlässigkeit bezeichnet werden.

Derselbe Vorwurf aber trifft den Steuermann Deters, welcher auch seinerseits beim Ende seiner Wache dem Schiffer das für das Besteck Nothwendige und vor allem die gelaufenen Distanzen thunlichst bestimmt hätte melden müssen.

Der Schiffer Bolwin hat aber auch in dem ferneren Verlauf es an der ihm obliegenden Vorsicht fehlen lassen und dadurch zu der Strandung beigetragen.

Als der Thurm um 11 Uhr 30 Minuten in Sicht kam, war es auch bei dem Vorhandensein des hervorgerufenen Irrthums seine Pflicht, die Möglichkeit, den ihm bekannten Thurm bei Segersta vor sich zu haben, in Rechnung zu ziehen; denn da überall weder geloggt noch gelothet war, konnte er die Schätzung der Fahrt in keinem Falle als durchaus zuverlässig annehmen. Obwohl der neue Thurm kurz vorher von ihm selbst in seine Karte eingetragen war, hat er dessen Vorhandensein allem Anscheine nach vollständig übersehen. Wäre dies nicht geschehen, so würde, wie man nicht bezweifeln kann, der Schiffer Bolwin seinen Curs so genommen haben, daß er auf alle Fälle frei kam.

Eine erhebliche Nachlässigkeit bei der Führung seines Schiffes hat ferner der Schiffer Bolwin sich dadurch zu Schulden kommen lassen, daß er gleichzeitig mit dem Steuermann sich zum Essen begeben hat und dabei für die Wahrnehmung des Ausgucks nicht einmal genügend Sorge getragen hat. Wenn er sich damit entschuldigt hat, er habe am Vormittage dem Steuermann befohlen, daß der Ausguck stets besetzt sein solle und habe, als er das Deck verlassen, geglaubt, der an Deck befindliche Leichtmatrose Werner sei auf dem Ausguck, so kann dies den Vorwurf kaum abschwächen, vielmehr wird derselbe dadurch verstärkt, daß er beim Verlassen des Decks dem Mann am Ruder eingeschärft hat, gut nach Land auszusehen. Bei dem herrschenden Schneegestöber war es umsomehr die Pflicht des Schiffers, das Deck nicht ohne zwingenden Grund zu verlassen, und ebenso, auf die Besetzung des Ausgucks zu achten.

So tadelnswerth nun auch es erscheint, daß Schiffer und Steuermann und gleichzeitig die ganze Mannschaft mit Ausnahme des Mannes am Ruder das Deck zum Zweck des Essens verlassen haben, so ist im vorliegenden Fall nicht festzustellen, daß durch diesen Umstand der Unfall herbeigeführt ist oder durch ordnungsmäßigen Ausguck hätte abgewendet werden können; wenn auch die Möglichkeit nicht ausgeschlossen, so ist es doch sehr unwahrscheinlich, daß bei dem Schneegestöber die Küste rechtzeitig bemerkt worden wäre.

In den bezeichneten Punkten hat nun, wie das Seeamt nicht verkennt, der Schiffer Bolwin die ihm obliegende Vorsicht und Umsicht in erheblichem Maße verletzt, aber dennoch konnte daraus das Seeamt nicht die Ueberzeugung gewinnen, daß er einen Mangel an den zur Ausübung des Gewerbes als Schiffer erforderlichen Eigenschaften bewiesen hat. Dabei ist in Erwägung gezogen, daß der Irrthum, unter dem derselbe stand, zwar nicht entschuldbar, aber immerhin von dem Steuermann Peters mit verschuldet gewesen ist und daß die sonstigen Fehler zum Theil wenigstens lediglich Folgen dieses Irrthums gewesen sind. Das Seeamt ist ferner zur Entschuldigung des Schiffers Bolwin davon ausgegangen, daß die Unterlassung des Loggens, soweit die Wache des Schiffers Bolwin in Frage steht, auf den Verlauf des Unfalls ohne Einfluß gewesen ist, da die Fahrt des Schiffes während dieser Wache dem obigen nach richtig angenommen worden ist, auch bei dem unbeständigen Winde das Loggen von zweifelhaftem Werth sein mußte, und daß auch in dem Nichtgebrauch des Lothes ein Fehler nicht lag, weil der Curs die Küste entlang in genügender Entfernung genommen war, weil der Ort, an dem man sich auf diesem Curse befand, bei den im wesentlichen gleichen Tiefen durch das Loth nicht hätte ermittelt werden können, auch nach dem Peilen des Thurms das Loth nicht gezeigt hätte, welchen Thurm man vor sich habe, und endlich, weil die Unterlassung des Lothens in der letzten Zeit vor der Strandung wiederum lediglich als eine Folge des ursprünglichen Irrthums des Schiffers Bolwin erscheint. Wenn vom Reichscommissar zur Begründung eines besonders schweren Vorwurfs wegen Nichtgebrauchs des Lothes auf die Entscheidung des Kaiserlichen Ober-Seeamts vom 20. Mai 1882 in der Sache, betreffend den Seeunfall der Schoonerbrigg „Helen" aus Papenburg (Entscheidungen des Kaiserlichen Ober-Seeamts pp. Band 4 S. 86) Bezug genommen ist, so kann das Seeamt diese als ein Präjudiz für den vorliegenden Fall nicht anerkennen; denn trotz sonstiger auffallender Analogien beider Fälle lag im Falle der „Helen", da diese bei Nacht quer auf die Küste Oelands zu segelte, eine um Vieles dringendere Veranlassung zum Gebrauch des Lothes vor, als für den Schiffer Bolwin, welcher längs der Küste steuerte.

Hiernach und im Hinblick auf eine siebenjährige Fahrzeit als Schiffer, während welcher erhebliche Unfälle nicht vorgekommen sind, sowie endlich nach dem Eindruck der Persönlichkeit, welchen der Schiffer Bolwin bei der Verhandlung gemacht hat, glaubt das Seeamt ihn nicht als unfähig zum Schiffergewerbe erachten zu können und hat ihm deshalb seine Gewerbebefugniß belassen.

---

Die Entscheidung des Ober-Seeamts lautet:

daß der Spruch des Großherzoglich oldenburgischen Seeamts vom 11. Juli 1885 zu bestätigen und die baaren Auslagen des Verfahrens außer Ansatz zu lassen.

Gründe. Die Beschwerde des Reichscommissars geht davon aus, daß die von dem Seeamt festgestellte Schuld des Schiffers an dem Seeunfall es rechtfertige, dem Schiffer die Befugniß zur ferneren Ausübung seines Gewerbes zu entziehen, während ein Anlaß, auch dem Steuermann die Ausübung seines Gewerbes zu untersagen, nicht gegeben sei. Das Seeamt hat die Schuldfrage anders beurtheilt; es hat die Schuld an dem Unfall sowohl dem Schiffer als auch dem Steuermann beigemessen und dieser Auffassung ist beizutreten. In

Betreff beider Personen sind die bezüglichen thatsächlichen Feststellungen in dem Spruche des Seeamts nach den Ergebnissen der Beweisaufnahme erster Instanz als zutreffend anzuerkennen; nur in einem Punkte bedürfen diese Feststellungen einer Ergänzung. Am Mittag vor der Strandung haben sich gleichzeitig der Schiffer, der Steuermann und die ganze Mannschaft der „Hansa" mit alleiniger Ausnahme des Matrosen Hans Matsen Frost, welcher am Ruder blieb, zum Essen unter Deck begeben und sind dort bis zur Strandung geblieben. Das Seeamt rügt es, daß der Schiffer und der Steuermann zu dem angegebenen Zweck gleichzeitig das Deck verlassen haben, hält es aber nicht für festgestellt, daß, wenn einer von beiden damals auf Deck geblieben wäre, der Unfall hätte verhütet werden können, weil es sehr unwahrscheinlich sei, daß bei dem zu jener Zeit herrschenden Schneegestöber die Küste von Oeland rechtzeitig bemerkt worden wäre. Die letztere Annahme erscheint nicht begründet. Der Zeuge Hans Matsen Frost hat zwar ausgesagt:

> In der Zeit, als der Aufstoß erfolgte, war es dicke schneeige Luft; kurz vorher habe ich Land nicht gesehen;

aber er hat außerdem auch bekundet:

> Ich bemerke, daß die Luft zeitweilig hell war und man weiter sehen konnte.

Das Schneegestöber hat also nicht dauernd in gleicher Dichtigkeit angehalten, sondern zeitweise nachgelassen, so daß in den Momenten einer Unterbrechung bei sorgfältigem Ausguck die Nähe des Landes hätte wahrgenommen werden können. Wäre also der Schiffer oder der Steuermann, während die Uebrigen aßen, an Deck gewesen, so würde er bei gehöriger Aufmerksamkeit Gelegenheit gefunden haben, in einem helleren Moment die Gefahr, welcher die „Hansa" entgegenging, noch rechtzeitig zu erkennen und zu vermeiden. Es ist also der Umstand, daß Schiffer und Steuermann gleichzeitig von Deck abwesend waren, als eine der Ursachen des Seeunfalls anzusehen, und auch in dieser Beziehung ist die Schuld des Steuermanns keineswegs geringer als diejenige des Schiffers. Liegen nun aber, wie die Beschwerde voraussetzt, Thatsachen vor, welche das Verschulden des Steuermanns in einem milderen Lichte erscheinen lassen und dazu geführt haben, ihm gegenüber von einem Antrage auf Entziehung der Gewerbebefugniß ganz abzusehen, so fragt es sich, ob dem Schiffer ein so erhebliches Uebergewicht der Schuld zur Last fällt, daß es gerechtfertigt sein würde, an ihm allein die vorgekommenen Verfehlungen zu ahnden, und diese Frage ist zu verneinen. Der Schiffer hat seine Pflichten in mehrfacher Beziehung vernachlässigt; aber alle Fehler, welche er hinsichtlich der Navigirung begangen hat, sind darauf zurückzuführen, daß er von einem vor der Strandung eingetretenen elementaren Vorgange, nämlich von der damals längs der Insel Oeland laufenden starken Strömung, keine Kenntniß haben konnte. Die Stromversetzung ist die Hauptursache der Strandung gewesen; wäre sie nicht eingetreten, so würde die Navigirung, wie sie der Schiffer gehandhabt hat, die „Hansa" ungefährdet an der Strandungsstelle vorbeigeführt haben. Deshalb kann in dem Verhalten des Schiffers ein erheblicher Mangel an den Eigenschaften, welche sein Beruf erfordert, nicht gefunden, sondern ihm zugetraut werden, daß er in Zukunft die im vorliegenden Falle begangenen Fehler zu vermeiden im Stande sein werde.

Die baaren Auslagen des Verfahrens bleiben außer Ansatz, weil die Beschwerde vom Reichscommissar eingelegt ist.

## 82. 1. Spruch des Seeamts zu Flensburg vom 10. März 1885, 2. Entscheidung des Kaiserlichen Ober-Seeamts vom 15. Juli 1885, 3. Spruch des Seeamts zu Flensburg vom 15. September 1885 und 4. Entscheidung des Kaiserlichen Ober-Seeamts vom 22. Dezember 1885, betreffend den Seeunfall des Schraubendampfers „Carl" von Kiel.

Der Spruch des Seeamts zu 1 lautet:

Der Seeunfall, welcher den Schraubendampfer „Carl" am 14. November 1884 im Kieler Hafen betroffen hat, ist durch Herausspringen einer der in dem Steuerborddampfkessel befindlichen Pauckschen Röhren verursacht.

Das Verhalten des Maschinisten Peter Asmus Theodor Petersen aus Laboe ist insofern zu tadeln, als derselbe nach dem Empfang der Meldung, daß der Steuerbordkessel lecke, sich nicht in ausreichender Weise von dem Vorhandensein des Lecks überzeugt und keine Maßregeln zur Beseitigung desselben getroffen hat. Jedoch wird dieses Verhalten nicht als ein solches angesehen, daß ihm die Befugniß zur Ausübung des Maschinistengewerbes hätte entzogen werden können.

Gründe. Der Seeunfall, welcher den Gegenstand dieser Untersuchung bildet, ereignete sich am 14. November 1884 im Kieler Hafen an Bord des der Firma Sartori und Genossen in Kiel gehörigen Schraubendampfers „Carl", Unterscheidungssignal LCMV, vermessen zu 429,8 cbm = 151,71 britischen Register-Tons Netto-Raumgehalt, versehen mit einer Dampfmaschine von 100 indicirten Pferdestärken, welcher an dem genannten Tage nach Neumühlen auslaufen sollte, um dort eine Ladung Mehl einzunehmen. Während man an Bord mit den Vorbereitungen für die Abfahrt beschäftigt war, und die Dampfkessel bereits seit einigen Stunden angeheizt waren, entströmte um etwa 1 Uhr 30 Minuten Nachmittags aus dem Steuerbord-Dampfkessel Dampf und heißes Wasser in solcher Menge, daß dadurch fünf im Maschinenraum befindliche Personen an den Händen, dem Gesicht und anderen Körpertheilen in sehr erheblichem Grade verbrüht und verbrannt wurden. Gleichzeitig wurde durch den Dampf das Feuer aus dem Kessel heraus- und in den Maschinenraum hineingeschleudert. Von den verletzten Personen, welche sofort nach dem Unglücksfall in die akademischen Heilanstalten in Kiel aufgenommen wurden, gehörten der Maschinist Petersen und der Heizer Keßler der Besatzung des „Carl" an, während die Schlosser Sahm und Dittmann, sowie der Schlosserlehrling Johann Brösch aus Kiel nicht zur Schiffsbesatzung gehörten, sondern zur Ausführung von Schlosserarbeiten sich nur vorübergehend an Bord befanden. Von den fünf verletzten Personen ist der Schlosserlehrling Brösch schon am folgenden Tage in den akademischen Heilanstalten in Folge seiner Brandwunden gestorben. Die Uebrigen sind, mit Ausnahme des Heizers Keßler, welcher noch am 10. März 1885 nicht völlig wiederhergestellt war, aus den Heilanstalten entlassen, und zwar der Maschinist Petersen am 8. Dezember 1884, die Schlosser Sahm und Dittmann am 14. bezw. 21. Februar 1885.

Zur Ermittelung der Ursachen dieses Seeunfalls ist von dem Vorsitzenden und einem Beisitzer des Seeamts im Beisein des Reichscommissars und unter Zuziehung des Kreisbauinspectors Friese in Kiel als Sachverständigen eine Lokalbesichtigung der Maschinen des Dampfers „Carl" an Bord vorgenommen und ist dabei der Schiffer Neumann uneidlich vernommen worden. Vor dem Seeamt sind demnächst als Zeugen uneidlich vernommen folgende zur Besatzung des Dampfers gehörige Personen: der Maschinist II. Classe Peter Asmus Theodor Petersen aus Laboe und der Maschinen-Assistent Karl Johann Friedrich Schulz aus Kiel, sowie der nicht zur Besatzung gehörige, in Kiel domizilirte Maschineninspector Christian Heinrich

Kiel. Ferner sind vor dem Seeamt eidlich vernommen: als Zeugen, der zur Schiffsbesatzung gehörige Heizer Johann Heinrich Wilhelm Theodor Kessler aus Kiel und die nicht zur Besatzung gehörigen Schlosser Johann Wilhelm Heinrich Sahm und Jasper Georg Theodor Dittmann aus Kiel, sowie als Sachverständige, außer dem bereits genannten Kreisbauinspector Johann Samuel Eduard Friese aus Kiel, der Betriebs-Ingenieur an der Reiherstiegschiffswerft Christian Peter Anton Hornbeck aus Hamburg und der Kreisbauinspector Jakob Jensen aus Flensburg.

Als Ergebniß der Beweisverhandlungen ist folgender Thatbestand festgestellt:

Der Dampfer „Carl" hat zwei Dampfkessel gleicher Construction, einen Backbordkessel und einen Steuerbordkessel. Es sind dies Feuerbüchsenkessel mit rückkehrenden engen Heizröhren der patentirten und seit etwa 8 bis 10 Jahren in Gebrauch gelangten Pauckschen Construction und einem Flammenrohr. Diese Heizröhren sind theils feste sogenannte Stehrohre, welche zur Verankerung der Rohrwand mit dem vorderen Boden der Feuerkiste dienen und mit dem Rohrboden so fest verbunden sind, daß die Herausnahme nur bei einer großen Hauptreparatur des Kessels erfolgt und jedenfalls nur in der Fabrik vorgenommen werden kann. Außer diesen festen Stehröhren ist bei den Pauckschen Dampfkesseln eine größere — nach der Größe der Heizfläche verschiedene — Anzahl eigentlicher Pauckscher Heizrohre vorhanden, welche den Vortheil gewähren, daß sie lediglich durch Einsetzen und Festschlagen in den vorderen Boden der Feuerkiste und in die Rohrwand zwischen diesen befestigt und leicht herausgenommen werden können, um durch Beseitigung des an den Außenseiten haftenden Kesselsteins gereinigt zu werden. Nach Herausnahme dieser Heizröhren kann man dann auch sehr bequem zu den vorerwähnten fest eingeschraubten Stehröhren behufs Reinigung derselben gelangen. Die Wiederbefestigung der engen Heizröhren nach erfolgter Reinigung des Dampfkessels geschieht durch Einsetzen und Festschlagen derselben, eine Manipulation, welche nach dem Gutachten des Sachverständigen Friese wohl keine besonderen technischen Kenntnisse erheischt, jedenfalls aber mit großer Sorgfalt geschehen muß, da bei dem Pauckschen Röhrensystem die ganze Sicherheit für die feste Lage der engen Heizröhren lediglich durch das genügend feste Einschlagen der Röhren in die Böden bedingt wird. Nach der Augenscheinseinnahme hat jeder der beiden auf dem Dampfer „Carl" vorhandenen Dampfkessel 10 feste Stehröhren und 44 enge Pauckſche Heizröhren; jeder Kessel ist zu einem Ueberdruck von 6 Atmosphären über den äußeren Luftdruck concessionirt. In den der Katastrophe vorangehenden Tagen sind die beiden Kessel des Dampfers „Carl“ gereinigt und zu diesem Zweck die sämmtlichen Paukschen engen Heizröhren herausgenommen worden. Nach erfolgter Reinigung sind die Heizröhren von dem Kesselschmied Haase aus Kiel und seinem Lehrling wieder eingesetzt und festgeschlagen worden und ist diese Arbeit am 13. November — dem Tage vor dem Unfall — beendet worden. Nach der Aussage des Zeugen Dittmann ist, während diese Arbeit am 13. November am Steuerbordkessel vorgenommen wurde, ein Rohrtreiber entzwei gesprungen und wußten die Arbeiter, nachdem sie sich einen anderen Rohrtreiber verschafft hatten, nicht genau, bei welchem Rohre sie stehen geblieben waren. Es ist daher sehr wahrscheinlich, daß dasjenige Rohr, welches nachher heraussprang, nicht genügend nachgetrieben ist. Am Tage nach dem Unfall hat der Kreisbauinspector Friese in Kiel die Kessel untersucht. Es fand sich bei dieser Untersuchung kein Theil der Kessel beschädigt, jedoch war das eine Paucksche Rohr des Dampfkessels an der Steuerbordseite — das dritte Rohr von oben der vertikalen Rohrreihe an der äußersten Steuerbordseite des Kessels — um 400 mm aus der vorderen Rohrwand herausgedrückt. Nach dem Gutachten des Sachverständigen Friese muß, da der Unfall nach den Zeugenaussagen bei einem Ueberdruck von nur 3 Atmosphären über den äußeren Luftdruck stattgefunden hat, bei dem am Tage vor der Katastrophe ausgeführten Wiedereinsetzen der Pauckschen Röhren das später herausgeflogene Rohr nicht fest und tief genug in den Kessel hineingeschlagen sein. Als man nun den Kessel wieder anheizte, wurde das zu lose eingeschlagene Rohr durch den Druck des Dampfes herausgedrückt. Dadurch entstand ein Loch von ungefähr 85 mm Durchmesser, durch welches Wasser und Dampf in die Feuerkiste drang. Von der Feuerkiste ging dann durch das Flammenrohr und die engen Pauckschen Heizröhren Dampf und Wasser in den Maschinenraum zurück, indem gleichzeitig das Feuer aus dem Kessel heraus- und in den Maschinenraum hineingerissen wurde. Solchergestalt mußten die im Maschinenraum befindlichen Personen nicht allein vom Wasser und Dampf, sondern auch direct vom Feuer getroffen worden. Daß das herausgedrückte Rohr ungenügend fest eingeschlagen sein muß, folgt nach dem Gutachten des Sachverständigen Friese aus dem Umstande, daß das Herausdrücken des Rohres bei einem Ueberdruck von nur 3 Atmosphären erfolgt ist, das Rohr selbst ungefähr 6 kg wiegt und dieses Gewicht unter Berücksichtigung der Reibung dem Herausdrücken entgegenwirkte, so daß nur ein verhältnißmäßig geringer Druck für das Herauspressen des Rohres übrig blieb. Was nun die Ereignisse betrifft, welche am 14. November dem Unfall vorausgingen, so ist die Füllung und Anheizung der Dampfkessel nach den Anordnungen des Maschineninspectors Christian Kiel, welcher als Maschineninspector für alle der Firma Sartori und Genossen in Kiel gehörigen Dampfer angestellt ist, als solcher die Oberaufsicht über die Maschinen und Kessel auf diesen Dampfern ausübt und in Kiel domizilirt ist, sowie des Maschinisten Petersen ausgeführt worden. Der Schiffer Neumann ist zur Zeit des Unfalls — ungefähr 1 Uhr 30 Minuten Nachmittags — nicht an Bord gewesen, ist vielmehr mit dem Maschineninspector Kiel um 12 Uhr von Bord gegangen, um in der Stadt zu Mittag zu essen, und erst nach der Katastrophe um ungefähr 1 Uhr 45 Minuten Nachmittags wieder an Bord gekommen. Der Maschineninspector Kiel ist nicht während des ganzen Vormittags an Bord gewesen, vielmehr dreimal, zuerst Morgens früh, dann zwischen 9 und 10 Uhr und zuletzt um etwa 11 Uhr an Bord gekommen und zum letzten Male um 12 Uhr von Bord gegangen. Dagegen ist der Maschinist Petersen — abgesehen von der Mittagspause zwischen 12 und 1 Uhr — während des ganzen Tages bis zur Katastrophe an Bord gewesen.

Am Morgen des 14. November hat der Maschinist Petersen den Maschineninspector Kiel, als derselbe an Bord kam, — etwa 7 Uhr Morgens — gefragt, ob nicht vor dem Anheizen der Kessel eine Kaltwasserdruckprobe mit denselben vorgenommen werden solle. Kiel hat erwidert, daß hierzu keine Zeit sei, weil das Schiff nach Neumühlen müsse, um dort eine Ladung Mehl einzunehmen. Dieser Vorgang, dessen der Maschineninspector sich nicht erinnern will, ist durch die mit den Angaben des Maschinisten Petersen übereinstimmende eidliche Aussage des Heizers Kessler bewiesen. Ferner ist durch die übereinstimmenden eidlichen Aussagen der Zeugen Sahm, Dittmann und Kessler festgestellt, daß der Maschineninspector Kiel den Maschinisten Petersen am Vormittag des 14. November mehrfach gescholten (geschimpft), barsch angefahren und ihm gesagt hat, daß wenn er (Kiel) an Bord sei, er zu befehlen und Petersen nichts zu sagen, sondern den Mund zu halten habe. Als Petersen auf diese letzte Aeußerung etwas hat erwidern wollen, ist Kiel vor ihn hingesprungen und hat in plattdeutscher Mundart gerufen: „Was, was, haben Sie noch etwas zu sagen!" Dieses barsche Auftreten des Kiel ist nicht durch die Unterredungen desselben mit Petersen über die Dampfkessel und deren Zustand veranlaßt, sondern einmal durch den Umstand herbeigeführt, daß die Arbeiten an Bord des Schiffes nach Kiels Ansicht nicht schnell genug vorwärts gingen, und ferner dadurch, daß bei der Schraubenwelle etwas nicht in Ordnung war. Gegen 9 Uhr hat der Schlosser Sahm auf Ersuchen des Maschinisten Petersen beide Kessel mit Wasser gefüllt und etwa eine halbe Stunde später, da die Rauchkammerthüren offen standen, beobachtet, daß am Steuerbordkessel ein Rohr der zweiten oder dritten Rohrreihe der äußersten Seite dieses Kessels leckte. Zeuge Sahm hat diese Wahrnehmung sofort dem Maschinisten Petersen gemeldet und die Antwort erhalten, daß der Kesselschmied Haase bald an Bord kommen würde und den Kessel nachsehen solle. Petersen hat nach Empfang dieser Meldung seiner Aussage nach den Steuerbordkessel untersucht, jedoch kein Leck an demselben wahrnehmen können, sondern angenommen, daß das am Kessel vorhandene Wasser vom Schwitzen desselben herrühre. Die Unrichtigkeit dieser Angabe des Petersen ist jedoch durch die eidliche Aussage des Zeugen Sahm nachgewiesen, welcher gehört hat, daß Petersen dem etwas später wieder an Bord gekommenen Maschineninspector Kiel mitgetheilt hat, daß der Kessel lecke. Es folgt hieraus, daß Petersen selbst den Leck wahrgenommen haben muß. Bei der etwa um 10 Uhr von Kiel und Petersen gemeinsam vorgenommenen Besichtigung der Kessel hat nach den eidlichen Zeugenaussagen des Sahm und Dittmann der Maschineninspector Kiel geäußert: „das wird sich wohl dicht ziehen" und als Petersen etwas erwiderte, ferner erklärt: „das kann in Neumühlen gemacht werden, wo doch der Kesselschmied an Bord kommt." Bei dieser Gelegenheit hat der Zeuge Dittmann, welcher 4 Schritt vom Kessel entfernt stand, das „helle Wasser" an dem Kessel gesehen; es war nach seiner Aussage überall naß. Auf Anordnung des Maschineninspectors Kiel sind demnächst — gegen 11 Uhr — von dem Heizer Kessler beide Kessel, zuerst der Backbordkessel und gleich darauf der Steuerbordkessel angeheizt worden. Um 11 Uhr ist der Kesselschmied Haase an Bord gekommen und hat auf Ersuchen des Maschinisten Petersen die Kessel untersucht, jedoch nach Petersens Aussage alles in Ordnung gefunden und gemeldet, daß er nichts an den Kesseln auszusetzen habe. Gegen Mittag hat der Maschinist Petersen mit dem Zeugen Sahm darüber gesprochen, ob es nicht rathsam sei, das lecke Rohr nachzutreiben, von Sahm jedoch die Antwort erhalten, daß dies unausführbar wäre, weil Dampf in dem Kessel sei.

Als der Maschinist Petersen nach dem Mittagessen — 1 Uhr Nachmittags — wieder in den Maschinenraum hinuntergekommen ist, hat derselbe nach seiner Angabe in den Backbordkessel, zu welchem die Rauchkammerthür offen stand, hineingesehen, aber nichts Verdächtiges bemerkt. Dagegen hat derselbe den Steuerbordkessel, an welchem der Leck beobachtet war, nicht wieder untersucht. Kurz vor der Katastrophe beobachteten der Heizer Kessler und der Schlosser Sahm, daß das Wasser aus dem Steuerbordkessel unten an der Rauchkammerthür förmlich herausfloß. Ersterer meldete dies sofort dem Maschinisten Petersen mit den Worten „es leckt doller.“ Petersen hat hierauf, ohne die Rauchkammerthür zu öffnen, nachgesehen und geantwortet: „wir können hierbei nichts machen, Kiel hat auch befohlen, daß es in Neumühlen gemacht werden soll.“ Unmittelbar darauf trat der Unfall ein.

Das Seeamt hat in Uebereinstimmung mit dem Gutachten des Kreisbauinspectors Friese als Ursache des Unfalls das Herausspringen eines nach der Reinigung des Steuerbordkessels nicht genügend fest eingeschlagenen Pauckschen Heizrohres festgestellt.

Es erübrigt noch die Erörterung folgender Fragen:

1. wem ein Verschulden an dem Unfall zur Last zu legen ist?
2. ob und welche Maßregeln zu empfehlen sind, um die mit der Benutzung der nach dem Pauckschen Röhrensystem eingerichteten Dampfkessel verbundene Gefahr zu beseitigen.

Was die erste Frage betrifft, so ist zunächst hervorzuheben, daß dem Seeamt die Beantwortung dieser Frage in Gemäßheit des §. 4 des Gesetzes, betreffend die Untersuchung von Seeunfällen, vom 27. Juli 1877 und des Gesetzes, betreffend den Gewerbebetrieb der Maschinisten auf Seedampfern vom 11. Juni 1878, lediglich insoweit zusteht, als die Besatzung, insbesondere der Schiffer, Steuermann oder Maschinist des Dampfers „Carl“ in Betracht kommt, daß dagegen ein Einschreiten gegen nicht zur Besatzung des Dampfers „Carl“ gehörige Personen, insbesondere den Kesselschmied Haase in Kiel und den Maschineninspector Kiel in Kiel außerhalb der Zuständigkeit des Seeamts liegt. Dieselben werden sich eventuell ausschließlich vor den Strafgerichten zu verantworten haben, wie denn auch von der Königlichen Staatsanwaltschaft in Kiel nach einer dem Seeamt zugegangenen Mittheilung vom 17. Februar 1885 bereits gegen den Maschineninspector Kiel und den Maschinisten Petersen in Veranlassung dieses Unfalls die Anklage wegen fahrlässiger Tödtung erhoben ist.

Gegen den Maschineninspector Kiel, welcher ein Patent als Maschinist II. Classe besitzt, hat allerdings der Reichscommissar in der letzten Hauptverhandlung den Antrag auf Entziehung der Befugniß zur Ausübung des Maschinistengewerbes gestellt und zur Begründung desselben den Inhalt folgender Mittheilung der Firma Sartori und Bergen in Kiel vom 22. November 1884 vorgetragen:

„Auf — haben wir zu erwidern, daß unserem Maschineninspector Kiel eine Instruction weder im Allgemeinen noch im vorliegenden Falle ertheilt ist, sondern derselbe nur angestellt ist, die Oberaufsicht über die Maschinen und Kessel auf unseren Dampfern auszuüben. In solcher Stellung ist derselbe auch den Maschinenmeistern gegenüber legitimirt, welche seinen speziellen Anordnungen Folge zu leisten haben. Im Uebrigen haben dieselben in verantwortlicher Weise zu handeln. Sie sind beide examinirte Techniker."

Das Seeamt hat jedoch diesen Antrag vor Verkündung dieses Spruches mittelst eines in der Hauptverhandlung verkündeten Beschlusses wegen Unzuständigkeit des Seeamts zurückgewiesen, weil das Gesetz, betreffend den Gewerbebetrieb der Maschinisten auf Seedampfschiffen vom 11. Juni 1878 auf den Maschineninspector Kiel keine Anwendung finden kann, da dieser im Sinne des Gesetzes nicht als Maschinist auf einem Seedampfschiffe anzusehen ist. Das Seeamt ist dabei von der Erwägung ausgegangen, daß es zu unhaltbaren Consequenzen führen würde, wenn man den von einer Rhedereifirma angestellten und am Sitze derselben domizilirten Maschineninspector, welchem die Oberaufsicht über die Kessel und Maschinen aller der Firma gehörigen Dampfer während des Aufenthalts der Dampfer im Hafen seines Domizils obliegt, als eine zur Besatzung jedes einzelnen Dampfers gehörige Person betrachten wollte.

Da der Antrag aus diesem formellen Grunde abgewiesen ist, so hat das Seeamt eine Aussetzung der Hauptverhandlung, um dem Inspector Kiel Gelegenheit zu seiner Vertheidigung zu geben, nicht für erforderlich erachtet und das Verhalten des Maschineninspectors Kiel im vorliegenden Falle nur insoweit einer Kritik unterzogen, als dasselbe sein Verhälniß zu dem Maschinisten Petersen berührt und bei der Beurtheilung der Handlungsweise des letzteren mit herangezogen werden mußte. Da der Schiffer und der Steuermann im vorliegenden Falle der Natur der Sache und dem ermittelten Thatbestande nach nicht in Betracht kommen, so bleibt nur der Maschinist Petersen übrig welcher vom Seeamt zur Verantwortung gezogen werden kann. Gegen diesen hat denn auch der Reichscommissar den Antrag auf Entziehung der Befugniß zur Ausübung des Maschinistengewerbes gestellt. Mit dem Reichscommissar hat sich das Seeamt insoweit in Uebereinstimmung befunden, als das Verhalten des Maschinisten

Petersen für tadelnswerth erklärt werden muß. Insbesondere ist zu tadeln, daß derselbe nicht in ausreichender Weise sich von dem Vorhandensein des ihm gemeldeten Leckens eines Rohrs des Steuerbordkessels überzeugt und keine Maßregeln zur Beseitigung des Lecks ergriffen hat. Es ist dies umsomehr zu tadeln, als der Maschineninspector Kiel sich nicht am ganzen Vormittage des 14. November an Bord befand und es dem Petersen, ohne mit den Befehlen des Inspectors in Widerspruch zu treten, möglich war, rechtzeitig d. h. vor Anheizung der Kessel behufs Beseitigung des Lecks das lecke Rohr nachtreiben zu lassen, oder doch wenigstens den Versuch zu machen, soweit seine Geräthschaften dazu ausreichten. Andererseits aber hat erwogen werden müssen, daß Petersen gleich am Morgen des 14. November dem Inspector Kiel den Vorschlag gemacht hat, vor Anheizung der Kessel eine Kaltwasserdruckprobe vorzunehmen, und dadurch gezeigt hat, daß es ihm keineswegs an der erforderlichen Umsicht und Vorsicht fehlte. Wenn Kiel die Ausführung dieser für den vorliegenden Fall freilich gesetzlich nicht vorgeschriebenen, aber doch sehr zweckmäßigen Vorsichtsmaßregel wegen Mangels an Zeit ablehnte, so mußte Petersen, welcher ihm untergeordnet war, dieser Anordnung Folge leisten. Ferner fällt zu Petersens Gunsten ins Gewicht, daß er den Kiel vor Anheizung der Kessel auf das Vorhandensein des Lecks aufmerksam gemacht, also seiner Anzeigepflicht genügt hat. Daß er dem Inspector gegenüber, als dieser mit unverantwortlicher Sorglosigkeit ihm erwiderte, „es wird sich wohl dicht ziehen" und „es muß in Neumühlen gemacht werden" nicht mit energischen Gegenvorstellungen entgegentrat, kann dem Petersen nicht zu sehr zur Last gelegt werden, wenn man sich vergegenwärtigt, in welcher groben und barschen Weise Kiel ihn bei anderweitiger Veranlassung an demselben Tage angefahren hat und seine Stellung als Vorgesetzter hat fühlen lassen. Das Seeamt hat in Berücksichtigung des Abhängigkeitsverhältnisses, in welchem Petersen zu Kiel stand, und des Gehorsams, welchen er demselben trotz der ihm gewordenen unwürdigen Behandlung schuldig war, nicht die Ueberzeugung gewinnen können, daß Petersen durch sein Verhalten den Mangel solcher Eigenschaften, welche zur Ausübung des Maschinistengewerbes erforderlich sind, bekundet hat. Es ist deshalb der gegen Petersen gestellte Antrag des Reichscommissars auf Entziehung der Befugniß zur Ausübung des Maschinistengewerbes abgewiesen worden.

Was die zweite zu erörternde Frage betrifft, ob und welche Maßregeln zu empfehlen sind, um die mit der Benutzung der nach dem Pauckschen Röhrensystem eingerichteten Dampfkessel verbundene

Gefahr zu beseitigen, so ist zunächst hervorzuheben, daß der §. 12 der Bekanntmachung des Reichskanzlers, betreffend allgemeine polizeiliche Bestimmungen über die Anlegung von Dampfkesseln vom 29. Mai 1871, welcher für Dampfkessel nach Vornahme bestimmter Reparaturen eine nach Maßgabe des §. 11 auszuführende Wasserdruckprobe vorschreibt, auf den vorliegenden Fall keine Anwendung finden kann, einestheils weil die Reinigung eines Dampfkessels mit engen Pauckschen Heizröhren und das zu diesem Zweck erfolgte Herausnehmen und Wiederfestschlagen der Paukschen Heizröhren nicht unter die im §. 12 dieser Bekanntmachung genannten Reparaturen subsummirt werden kann, anderentheils weil zur Zeit des Erlasses dieser Bekanntmachung im Jahre 1871 Dampfkessel mit engen Pauckschen Röhren noch unbekannt waren. Es kann deshalb auch dem Maschineninspector Kiel wegen seiner Ablehnung des ihm von Petersen gemachten Vorschlages, vor dem Anheizen der Kessel eine Wasserdruckprobe vorzunehmen, insoweit kein Vorwurf gemacht werden, als er sich durch diese Ablehnung keiner Uebertretung einer gesetzlichen Vorschrift schuldig gemacht hat.

Die Frage, ob das Paucksche Röhrensystem mit Mängeln behaftet ist, welche die Sicherheit der im Maschinen- und Kesselraum befindlichen Personen gefährden, ist von den vernommenen drei Sachverständigen Friese, Hornbeck und Jensen dahin beantwortet, daß das Paucksche Röhrensystem bei sorgfältiger Behandlung nicht als gefährlich bezeichnet werden könne. Die Sachverständigen haben nach dieser Richtung hin es als unbedingt nothwendig bezeichnet, daß die Pauckschen Heizröhren, wenn sie behufs Kesselreinigung herausgenommen sind, ganz fest wieder eingeschlagen beziehungsweise nachgewalzt werden. Vor der Wiederbenutzung des gereinigten Kessels muß zur Controle nach dem Erachten der Sachverständigen der Dampfkessel einem Kaltwasserdruck, welcher mindestens dem späteren Arbeitsdruck gleich ist, unterworfen werden. Eine solche Controle halten die Sachverständigen für ausreichend, weil sich bei den nicht ganz fest eingeschlagenen Röhren Leckagen zeigen werden und weil andererseits, wenn die Rohre sich bei diesem Kaltwasserdruck dicht erwiesen haben, bei späterer Anwendung des Dampfdrucks ein noch festeres Sitzen der Rohre zu gewärtigen ist. Der Sachverständige Hornbeck aus Hamburg hat sich dahin ausgesprochen, daß in Hamburg das Paucksche Röhrensystem selten angewendet werde, daß aber, wo dies der Fall sei, nach Reinigung der Kessel immer vor der Inbetriebnahme die gesetzlich vorgeschriebene doppelte Druckprobe mit kaltem Wasser vorgenommen werde, weil dies von den Revisoren für erforderlich gehalten werde und einem solchen Verlangen der Revisoren nach der Hamburger Baupolizei-Ordnung Folge geleistet werden müsse. Auch würden auf der Reiherstieg-Schiffswerft die Pauckschen Heizröhren, wenn sie in den Kessel wieder eingesetzt sind, an beiden Enden nachträglich festgewalzt.

Der Sachverständige Friese hat erklärt, daß seines Wissens für das Paucksche Röhrensystem ein Patent seit etwa 10 Jahren ertheilt sei und daß, soweit er dies zu übersehen vermöge, die Paucksche Fabrik zu Landsberg ungefähr 2000 Paucksche Röhrenkessel gebaut und in den Verkehr gebracht habe, ohne daß seines Wissens Unzuträglichkeiten in Bezug auf diese Kessel zur Sprache gekommen seien. Auch sei ihm solches in Betreff derjenigen Kessel, für welche die Paucksche Fabrik nur die Röhren geliefert habe, nicht bekannt geworden. Nach dem Unfall des Dampfers „Carl" sei indeß der Erlaß von Schutzmaßregeln unbedingt nothwendig.

Dem Seeamt ist ferner von der Firma Kessel und Paulsen in Diedrichsdorf bei Kiel die Skizze einer neuen Erfindung vorgelegt, welche durch Anbringung einer Schutzwand vor den Pauckschen Heizröhren das Herausdrücken der letzteren aus dem Kessel zu verhindern und unmöglich zu machen bezweckt. Endlich haben sechs Maschinisten, welche auf Kieler, mit den Pauckschen Röhrensystem-Kesseln versehenen Dampfern fahren, am 14. Februar 1885 einen schriftlichen Antrag eingereicht, in welchem dieselben die Bitte aussprechen, das Seeamt wolle beschließen, daß bei Schiffskesseln, welche nach dem Pauckschen Röhrensystem angefertigt sind, eine Vorrichtung getroffen werde, welche das Herausdrängen der Heizrohre verhindert. Dabei haben die Antragsteller ausgesprochen, daß nach ihrem Erachten die Vornahme einer Kaltwasserdruckprobe vor der Inbetriebnahme der Pauckschen Dampfkessel nach erfolgter Kesselreinigung nicht genüge, um die mit dem Pauckschen Röhrensystem verbundene Gefahr zu beseitigen; es sei vielmehr die Erfahrung gemacht, daß auch nach vorgenommener Kaltwasserdruckprobe sich Rohre undicht erwiesen haben und ein Herausfliegen befürchtet werden mußte, z. B. noch in allerletzter Zeit bei dem Dampfkessel des Kieler Dampfers „Adler".

Die von der Firma Kessel und Paulsen eingereichte Zeichnung der nach ihrer Erfindung vor den Pauckschen Röhren anzubringenden Schutzwand ist den vorgenannten drei Sachverständigen zur Begutachtung vorgelegt worden. Dieselben haben sich dahin ausgesprochen, daß im Princip gegen die Anbringung einer Schutzwand vor den Röhren nichts einzuwenden sei, weil dadurch jedenfalls das vollständige Herausfliegen derselben verhindert werde, haben jedoch Bedenken geäußert, ob die Anbringung der Schutzwand sich auch als praktisch bewähren werde. Einestheils würde die Anbringung der Schutzwand den Nachtheil mit sich führen, daß das Lecken der einzelnen Rohre weniger scharf beobachtet werden könnte. Anderenfalls könne dieselbe nur dann von durchschlagendem Nutzen sein, wenn die Rohre an den Enden so sorgfältig abgedreht würden, daß die Platte ganz genau schließe; endlich stehe zu befürchten, daß die Schutzwand bei dem Erhitzen des Dampfkessels sich derartig verziehen werde, daß ein wirksamer Verschluß nicht mehr stattfinde. Diese Bedenken der Sachverständigen hat die Firma Kessel und Paulsen in einer Eingabe vom 14. Februar 1885 als unbegründet bezeichnet.

Aus den Verhandlungen hat das Seeamt die Ueberzeugung gewonnen, daß der Erlaß von Vorschriften nothwendig ist, welche geeignet sind, die mit der Benutzung der nach dem Pauckschen Röhrensystem eingerichteten Dampfkessel unzweifelhaft verbundene Gefahr zu beseitigen, insbesondere eine Garantie für die sichere Befestigung der Pauckschen engen Heizrohre zu schaffen. Nach dem dem Seeamt vorliegenden Material dürften dabei im Einzelnen folgende Vorschriften in Betracht kommen:

a. Die Ausdehnung der in den §§. 11 und 12 der Bekanntmachung des Reichskanzlers, betreffend allgemeine polizeiliche Bestimmungen über die Anlegung von Dampfkesseln, vom 29. Mai 1871 enthaltenen Vorschriften über die Wasserdruckprobe auf diejenigen Fälle, in welchen behufs Reinigung der nach dem Pauckschen Röhrensystem eingerichteten Dampfkessel oder in anderer Veranlassung die Pauckschen engen Heizrohre (seien es nun alle oder einige oder auch nur ein einziges) herausgenommen und demnächst wieder festgeschlagen sind. Nach §. 11 erfolgt die dort vorgeschriebene Prüfung der Dampfkessel mit Wasserdruck bei Dampfkesseln, welche für eine Dampfspannung von nicht mehr als fünf Atmosphären Ueberdruck bestimmt sind, mit dem zweifachen Betrage des beabsichtigten Ueberdrucks, bei allen übrigen Dampfkesseln mit einem Drucke, welcher den beabsichtigten Ueberdruck um fünf Atmosphären übersteigt. Im Hinblick auf das Gutachten der Sachverständigen könnte hierbei in Frage kommen, ob es zulässig erscheint, diese Bestimmung für den Fall der Reinigung der Pauckschen Dampfkessel dahin zu beschränken, daß die Wasserdruckprobe nur mit einem Drucke, welcher dem Dampfdrucke des Kessels gleich kommt, auszuführen ist.

b. Der Erlaß einer Vorschrift, daß die Pauckschen engen Heizrohre bei ihrer Befestigung in dem Kessel nicht nur sorgfältig festgeschlagen, sondern auch nachträglich festgewalzt werden.

c. Der Erlaß einer Vorschrift, betreffend die Anbringung der von der Firma Kessel und Paulsen in Kiel erfundenen Schutzwand oder einer ähnlichen Schutzvorrichtung vor den Pauckschen engen Heizröhren, durch welche das Herausdrücken derselben unmöglich gemacht wird.

Das Seeamt nimmt davon Abstand, die eine oder die andere dieser Maßregeln besonders zu befürworten, weil es der weiteren technischen Untersuchung überlassen bleiben muß, festzustellen, welche Maßregeln als die zweckmäßigsten und wirksamsten erscheinen zur Verhütung ähnlicher Unglücksfälle, wie derjenige war, welcher den Dampfer „Carl" betroffen hat.

---

Die Entscheidung des Ober=Seeamts ad 2 lautet:

daß der Spruch des Königlich preußischen Seeamts zu Flensburg vom 10. März 1885 aufzuheben, die Sache zur nochmaligen Verhandlung und Entscheidung in die erste Instanz zurückzuverweisen und die baaren Auslagen des Verfahrens außer Ansatz zu lassen.

Gründe. In der letzten Hauptverhandlung erster Instanz am 10. März 1885 hat der Reichscommissar gegen den Maschineninspector Kiel und den Maschinisten Petersen den Antrag auf Entziehung der Befugniß zur Ausübung des Gewerbes gestellt. Das Seeamt hat diesen Antrag in Bezug auf Petersen durch die Urtheilsformel des Spruchs, in Bezug auf Kiel vor Abgabe des Spruchs durch einfachen Beschluß abgelehnt. Aus dem Protokoll und den Gründen des Spruchs ergiebt sich, daß das Seeamt sich für unzuständig erachtet hat, über den gegen Kiel gerichteten Antrag zu entscheiden. Es nimmt an, daß wegen Verschuldung eines Seeunfalls gegen einen Schiffer, Steuermann oder Maschinisten nur dann der Antrag auf Entziehung der Gewerbebefugniß zulässig sei, wenn derselbe zur Besatzung des von dem Unfall betroffenen Schiffes gehöre. Diese Annahme beruht auf einer irrigen Auslegung des Reichsgesetzes vom 27. Juli 1877, §. 26. Dieser Paragraph beschränkt die Zulässigkeit der Entziehung der Gewerbebefugniß nicht auf diejenigen Personen, welche auf dem verunglückten Schiffe im Dienst stehen, sondern er gestattet diese Entziehung:

> wenn sich ergiebt, daß ein deutscher Schiffer oder Steuermann den Unfall oder dessen Folgen in Folge des Mangels solcher Eigenschaften, welche zur Ausübung seines Gewerbes erforderlich sind, verschuldet hat.

Der §. 26 setzt also für die Zulässigkeit der Entziehung der Gewerbebefugniß nur voraus, daß derjenige, welcher einen Seeunfall verschuldet hat, die Eigenschaft eines deutschen Schiffers oder Steuermanns überhaupt besitzt, nicht aber, daß er in dieser Eigenschaft zu der Besatzung des Schiffes gehört, welchem der Unfall widerfahren ist. Die Annahme des Gegentheils würde auch dem Zweck des Gesetzes zuwiderlaufen; dasselbe will diejenigen Gewerbetreibenden, welche durch ihre Unfähigkeit die Sicherheit der Seefahrt gefährden, von ihrem Gewerbebetriebe ausschließen, damit der letztere ihnen nicht von neuem Gelegenheit biete, jene Sicherheit zu beeinträchtigen; dieser Zweck kann aber nur dann vollständig erreicht werden, wenn ein jeder Schiffer oder Steuermann, der einen Seeunfall verschuldet, dafür ohne Rücksicht auf sein Dienstverhältniß zu einem bestimmten Schiffe im seeamtlichen Verfahren verantwortlich gemacht und geeignetenfalls mit Entziehung der Gewerbebefugniß belegt werden kann. Was aber das Reichsgesetz vom 27. Juli 1877 in Betreff der Steuerleute vorschreibt, gilt nach dem Reichsgesetz vom 11. Juni 1878 auch für die Seedampfschiffsmaschinisten. Kiel besitzt die Eigenschaft eines solchen, wie das Seeamt thatsächlich festgestellt hat. Das letztere ist also zuständig und verpflichtet, über den Antrag, dem Maschineninspector Kiel die Befugniß zur Ausübung des Maschinistengewerbes zu entziehen, mit Rücksicht darauf zu verhandeln und zu entscheiden, daß der Reichscommissar demselben eine Schuld an dem Seeunfall des „Carl" zur Last gelegt hat. In dem gegenwärtigen Beschwerdeverfahren läßt sich diese Verhandlung und Entscheidung nicht nachholen, denn Kiel ist weder zu der Hauptverhandlung erster Instanz, in welcher der erwähnte Antrag gestellt wurde, geladen worden, noch in derselben erschienen; er hat sich vor dem Seeamt nicht vertheidigen können und würde mithin eine Instanz verlieren, wenn die Angelegenheit jetzt von dem Ober-Seeamt endgiltig erledigt werden sollte. Es bleibt daher nichts übrig, als die Sache zur nochmaligen Verhandlung und Entscheidung in die erste Instanz zurückzuverweisen und zwar nicht nur hinsichtlich des Maschineninspectors Kiel, sondern auch hinsichtlich des Maschinisten Petersen; denn über das Maß der Verschuldung eines jeden von beiden und über die daran etwa zu knüpfende rechtliche Folge läßt sich nur dann ein gerechtes Urtheil fällen, wenn in Betreff beider in einem und demselben Verfahren verhandelt und entschieden wird.

In dem neuen Verfahren wird das Seeamt zugleich zu erwägen haben, ob es nicht bisher den Begriff der Ausbesserung in den vom Bundesrath erlassenen Bestimmungen über die Anlegung von Dampfkesseln vom 29. Mai 1871, §. 12, zu eng ausgelegt hat und ob nicht im vorliegenden Falle das preußische Gesetz, den Betrieb der Dampfkessel betreffend, vom 3. Mai 1872, §. 1, anwendbar ist. Von Erheblichkeit wird auch das Beweismaterial sein, welches in dem gerichtlichen Strafverfahren gegen Kiel und Petersen gesammelt worden ist.

Die baaren Auslagen des Beschwerdeverfahrens bleiben außer Ansatz, weil die Beschwerde vom Reichscommissar eingelegt worden ist.

---

Der Spruch des Seeamts zu 3 lautet:

> Der Seeunfall, welcher den Schraubendampfer „Carl" am 14. November 1884 im Kieler Hafen betroffen hat, ist durch das Herausspringen einer der in dem Steuerborddampfkessel befindlichen Pauckschen Röhren verursacht. Der Maschineninspektor Christian Heinrich Kiel in Kiel und der Maschinist Peter Asmus Theodor Petersen in Laboe haben durch ihr Verhalten den Unfall verschuldet; jedoch liegt keine ausreichende Veranlassung vor, denselben die Befugniß zur ferneren Ausübung des Maschinistengewerbes zu entziehen.
>
> Das Seeamt erachtet den Erlaß von gesetzlichen Vorschriften für nothwendig, welche geeignet sind, die mit der Benutzung der nach dem Pauckschen Röhrensystem eingerichteten Dampfkessel verbundene Gefahr zu beseitigen. Vor Erlaß dieser Vorschriften ist die Vornahme von technischen Untersuchungen über die Zweckmäßigkeit derselben zu empfehlen.

Gründe. Das Kaiserliche Ober-Seeamt hat durch Entscheidung vom 15. Juli 1885 den Spruch des Seeamts vom 10. März 1885 aufgehoben und die Sache zur nochmaligen Verhandlung und Entscheidung in die erste Instanz zurückverwiesen. Durch diese Entscheidung ist die Zuständigkeit des Seeamts zur Verhandlung und Entscheidung über den Antrag des Reichscommissars, dem Maschineninspektor Christian Heinrich Kiel in Kiel die Befugniß zur Ausübung des Maschinistengewerbes zu entziehen, festgestellt. Nachdem die Entscheidung des Ober-Seeamts dem Reichscommissar, dem Maschineninspector Kiel und dem Maschinisten Petersen zugestellt worden, hat am 8. September 1885 die nochmalige Verhandlung dieser Sache vor dem Seeamt stattgefunden. In diesem Termine sind der Maschineninspector Kiel in Kiel, der Maschinist Peter Asmus Theodor Petersen in Laboe und der bisher vor dem Seeamt nicht vernommene Kesselschmied Friedrich August Haase in Dietrichsdorf uneidlich als Zeugen, sowie der Kreis-Bauinspector Jensen in Flensburg unter Hinweis auf den früher geleisteten Eid als Sachverständiger vernommen worden. Ferner ist das gesammte Beweismaterial, welches in den früher vor dem Seeamt stattgehabten Verhandlungen gesammelt worden, durch Verlesen der bezüglichen Vernehmungsprotokolle, Gutachten und sonstigen Schriftstücke wieder vorgetragen. Außerdem sind zum Zweck der Beweisaufnahme aus den von der Königlichen Staatsanwaltschaft in Kiel requirirten Strafprozeßacten des Königlichen Landgerichts in Kiel, betreffend die in Anlaß dieses Seeunfalls gegen den Maschineninspector C. H. Kiel und den Maschinisten P. A. Th. Petersen wegen fahrlässiger Tödtung und fahrlässiger Körperverletzung geführte Untersuchung, folgende Actenstücke verlesen:

1. die Aussage des Maschinisten Bodewald in Kiel vom 24. November 1884,
2. die Aussage des Schlossers Hagedorn in Kiel vom 3. Januar 1885,
3. das Gutachten des Marineingenieurs Busley in Kiel vom 14. November 1884 und 18. Januar 1885,
4. die Aussagen der Zeugen Kesler, Sahm und Dittmann in Kiel vom 20. Dezember 1884,
5. der Tenor des Urtheils der ersten Strafkammer des Königlichen Landgerichts in Kiel vom 17. April 1885, welcher dahin lautet, daß die Angeklagten: Maschineninspector Christian Heinrich Kiel in Kiel und Maschinist Peter Asmus Theodor Petersen in Laboe der fahrlässigen Tödtung eines Menschen und der fahrlässigen Körperverletzung Anderer schuldig und deshalb jeder derselben mit vier Monaten Gefängniß zu bestrafen und beiden Angeklagten die Kosten des Verfahrens aufzuerlegen,
6. der Tenor des Urtheils des Reichsgerichts vom 15. Juni 1885, durch welches die von dem Angeklagten Kiel gegen das Urtheil des Königlichen Landgerichts in Kiel vom 17. April 1885 eingelegte Revision verworfen ist.

Nach Schluß der Beweisaufnahme hat der Reichscommissar seinen Antrag auf Entziehung der Befugniß zur Ausübung des Maschinistengewerbes sowohl gegen den Maschineninspector Kiel als gegen den

Maschinisten Petersen wiederholt, während die beiden Letzteren beantragt haben, daß ihnen diese Befugniß nicht entzogen werden möge. Hinsichtlich des Thatbestandes wird auf die in den Gründen des Spruches vom 10. März 1885 enthaltene Darstellung Bezug genommen, welche durch die jetzige zweite Verhandlung der Sache in allen wesentlichen Punkten bestätigt worden ist. Zur Vervollständigung sind folgende Momente hervorzuheben:

Der Kesselschmied Haase ist am Nachmittage des 13. November 1884, nachdem er die Arbeit des Wiedereinschlagens der Pauckschen Röhren in die Dampfkessel beendet hatte, von dem Maschineninspector Kiel sowohl als von dem Maschinisten Petersen aufgefordert worden, am Morgen des 14. November wieder an Bord zu kommen, um die Kessel zu revidiren, oder — wie Haase sich ausdrückt — zu probiren. Es geschah dies, weil am 13. November kein Wasser zum Füllen der Kessel vorhanden war. Am Morgen des 14. November hat nun der Maschinist Petersen auf Anordnung des Kiel vor der Ankunft des Kesselschmieds Haase die Kessel, nachdem er dieselben von dem Heizer Kesler hat untersuchen lassen, füllen und anheizen lassen, so daß Haase, als er an Bord kam, eine gründliche Untersuchung der Kessel nicht mehr vornehmen konnte. Durch diese eigenmächtige Handlungsweise haben Kiel und Petersen die volle Verantwortung für die Behandlung der Kessel übernommen und können durch ein bei dem Einschlagen der Pauckschen Röhren von dem Kesselschmied Haase etwa begangenes Versehen nicht entlastet werden. Uebrigens will Haase sich nicht erinnern, ob am 13. November bei der Arbeit des Einschlagens der Röhren ein Rohrtreiber entzwei gesprungen ist, wie solches von dem Zeugen Dittmann mit dem Bemerken bezeugt worden, daß die Arbeiter, nachdem sie einen anderen Rohrtreiber zur Hand genommen, nicht genau gewußt hätten, bei welchem Rohre sie mit der Arbeit des Einschlagens stehen geblieben waren. Haase will alle Röhren vollständig fest eingeschlagen haben, hat übrigens bei seiner Vernehmung sowohl hinsichtlich der Frage, was er unter dem Probiren der Kessel verstehe, als auch hinsichtlich der Frage, ob das Zerspringen der Rohrtreiber oft vorkomme, ausweichende und zum Theil sich widersprechende Antworten ertheilt. — Der Maschinist Petersen hat in Uebereinstimmung mit der Aussage des Zeugen Sahm angegeben, daß er, als der Heizer Kesler ihm kurz vor der Katastrophe zurief: „Es leckt etwas an dem Steuerbordkessel" (oder nach Keslers Aussage: „Es leckt doller"), damit beschäftigt gewesen sei, die Maschine in Gang zu setzen; die Maschine habe vielleicht 4 bis 6 halbe Schläge rück- und vorwärts gemacht. Diese Thatsache ist insofern von Wichtigkeit, als nach dem Gutachten des Marineingenieurs Busley in Kiel erst dieses Ingangsetzen der Maschine die unmittelbare Veranlassung zum Herausspringen des gelockerten lecken Rohres gewesen ist. Im Uebrigen hat sich nicht feststellen lassen, welcher Zeitraum zwischen dem an Petersen gerichteten Rufe des Heizers Kesler „Es leckt doller" und der gleich darauf eintretenden Katastrophe gelegen hat, insbesondere nicht, ob derselbe groß genug gewesen ist, um dem Maschinisten Petersen noch im letzten Augenblick die Verhütung des Unfalls zu ermöglichen.

Bei der Beurtheilung des Verschuldens, welches dem Maschineninspector Kiel und dem Maschinisten Petersen hinsichtlich dieses Seeunfalls zur Last zu legen ist, liegt dem Seeamt in Gemäßheit der Entscheidung des Kaiserlichen Ober-Seeamts vom 15. Juli 1885 zunächst die Verpflichtung ob, die Frage nochmals zu erwägen, ob der §. 12 der von dem Bundesrath erlassenen Bestimmungen über die Anlegung von Dampfkesseln vom 29. Mai 1871 und der §. 1 des preußischen Gesetzes, betreffend den Betrieb der Dampfkessel, vom 3. Mai 1872 auf den vorliegenden Fall anwendbar ist. Der §. 12 der Bekanntmachung vom 29. Mai 1871 lautet:

> „Wenn Dampfkessel eine Ausbesserung in der Kesselfabrik erfahren haben, oder wenn sie behufs der Ausbesserung an der Betriebsstätte ganz blos gelegt worden sind, so müssen sie in gleicher Weise wie neu aufzustellende Kessel der Prüfung mittelst Wasserdrucks unterworfen werden.
>
> Wenn bei Kesseln mit innerem Feuerrohr ein solches Rohr und bei den nach Art der Locomotivkessel gebauten Kesseln die Feuerbüchse behufs Ausbesserung oder Erneuerung herausgenommen, oder wenn bei cylindrischen und Siederohrkesseln eine oder mehrere Platten neu eingezogen werden, so ist nach der Ausbesserung oder Erneuerung ebenfalls die Prüfung mittelst Wasserdrucks vorzunehmen. Der völligen Bloslegung des Kessels bedarf es hier nicht."

Der §. 1 des preußischen Gesetzes vom 3. Mai 1872 lautet:

> „Die Besitzer von Dampfkesselanlagen oder die an ihrer Statt zur Leitung des Betriebes bestellten Vertreter, sowie die mit der Bewartung von Dampfkesseln beauftragten Arbeiter sind verpflichtet, dafür Sorge zu tragen, daß während des Betriebes die bei Genehmigung der Anlage oder allgemein

vorgeschriebenen Sicherheitsvorrichtungen bestimmungsmäßig benutzt, und Kessel, die sich nicht in gefahrlosem Zustande befinden, nicht im Betriebe erhalten werden."

Das Seeamt hat auch bei erneuter Prüfung dieser Frage die Ueberzeugung nicht gewinnen können, daß die Reinigung der nach dem Pauckschen Röhrensystem eingerichteten Dampfkessel, welche durch Herausnehmen der engen Pauckschen Röhren, Reinigen derselben und der festen Stehröhren sowie Wiedereinschlagen der ersteren in den Kessel beschafft wird, einer Ausbesserung des Kessels im Sinne des §. 12 der Bekanntmachung vom 29. Mai 1871 gleichgestellt werden kann. Dasselbe befindet sich hierbei in völliger Uebereinstimmung mit dem Kreis-Bauinspector Jensen in Flensburg, welcher über diesen Punkt in der Sitzung vom 8. September 1885 als Sachverständiger vernommen ist, sowie mit dem Marineingenieur Busley in Kiel, dessen Gutachten in derselben Sitzung verlesen ist. Beide Sachverständige haben auf das Bestimmteste die Anwendbarkeit des §. 12 der Bekanntmachung vom 29. Mai 1871 auf den vorliegenden Fall verneint. Damit fällt auch die Anwendbarkeit des §. 1 des preußischen Gesetzes vom 3. Mai 1872 weg. Nur insofern kann dieser §. 1 hier zur Anwendung gelangen, als derselbe den Vertretern pp. den Besitzern von Dampfkessel-Anlagen die Verpflichtung auferlegt, dafür Sorge zu tragen, daß Kessel, die sich nicht in gefahrlosem Zustande befinden, nicht im Betriebe erhalten werden. Es kann sonach dem Maschineninspector Kiel und dem Maschinisten Petersen der Vorwurf nicht gemacht werden, daß sie gesetzliche Vorschriften verletzten, als sie nach Reinigung der Dampfkessel des „Carl" die Vornahme der Wasserdruckprobe unterließen.

Im Uebrigen aber fällt der Seeunfall den genannten beiden Personen zur Last, weil dieselben nach dem Resultat der Beweisaufnahme es unterlassen haben, das Rohr, dessen Lecken ihnen gemeldet worden, zu beobachten bezw. die Beobachtung desselben anzuordnen und bei Zunahme des Lecks den Kessel außer Betrieb zu setzen, obwohl sie ihrem Berufe nach bei Anwendung genügender Sorgfalt die Möglichkeit hätten voraussehen müssen, daß aus dem Lecken des Rohres eine erhebliche Gefahr entstehen konnte. Wenn sonach das Verschulden Beider an dem Seeunfall nicht zweifelhaft sein kann, so ist bei der Beurtheilung des Grades desselben für das Seeamt ausschließlich der Gesichtspunkt maßgebend, ob das Verschulden so erheblich sich darstellt, daß ihnen die Fähigkeit, künftighin ihr Gewerbe als Maschinisten auszuüben, abgesprochen werden muß. Dagegen kann weder die betrübende Thatsache, daß der Unfall den Verlust eines Menschenlebens und die erhebliche Verletzung mehrerer Personen zur Folge gehabt hat, noch der Umstand, daß Kiel und Petersen von dem Königlichen Landgericht in Kiel in Anlaß dieses Seeunfalls wegen fahrlässiger Tödtung und fahrlässiger Körperverletzung zu je vier Monaten Gefängniß verurtheilt worden sind, für die Entscheidung des Seeamts ausschlaggebend sein. Was zunächst den Inspector Kiel betrifft, so fällt ihm zur Last, daß er, als ihm das Lecken des Rohres gemeldet ward, es unterließ, die sorgfältige Beobachtung des Lecks anzuordnen, vielmehr nach Besichtigung des Rohres dem Maschinisten Petersen gesagt hat, der Leck werde sich wohl dicht ziehen, eventuell könne die Sache in Neumühlen gemacht werden. Diese von Kiel mit Nichtwissen bestrittenen Thatsachen sind durch die mit den Angaben des Petersen übereinstimmenden Aussagen der Zeugen Sahm, Dittmann, Keßler und Hagedorn unzweifelhaft festgestellt. Wenn nun auch dieses Verschulden als ein sehr erhebliches erscheint, so kann aus dem Verhalten Kiels nach dem Erachten des Seeamts nicht gefolgert werden, daß ihm die zur Ausübung des Maschinistengewerbes erforderlichen Eigenschaften mangeln. Es hat dabei erwogen werden müssen, daß erfahrungsmäßig das Lecken von Röhren an Dampfkesseln häufig vorkommt und eben so häufig der Leck von selbst sich wieder dicht zieht, so daß die Fahrlässigkeit Kiels nicht allzu hart beurtheilt werden darf, zumal wenn man in Betracht zieht, daß es sich nur um die Zurücklegung der sehr kurzen Fahrt von Kiel nach dem gegenüberliegenden Ufer Neumühlen handelte. Hierzu kommt, daß dem Kiel nach Ausweis der Strafprozeßacten des Landgerichts in Kiel sowohl von der Firma Schweffel und Howaldt als von Sartori und Berger daselbst außerordentlich günstige Zeugnisse ausgestellt sind, daß die letztere Firma ihn 10 Jahre lang ununterbrochen als Maschinist beschäftigt und im Jahre 1883 aus einer größeren Anzahl von Maschinisten zum Maschineninspektor für die der Firma gehörigen ungefähr 20 Dampfschiffe ausgewählt hat, sowie mit seinen Leistungen stets zufrieden gewesen ist.

Hinsichtlich des Maschinisten Petersen sind die ihn belastenden und die zu seiner Entschuldigung dienenden Momente in den Gründen des Seeamtsspruchs vom 10. März 1885 ausführlich erörtert worden, und kann an dieser Stelle lediglich auf die frühere Darstellung Bezug genommen werden.

Das Seeamt hat demnach den Antrag des Reichscommissars auf Entziehung der Befugniß zur Ausübung des Maschinistengewerbes sowohl hinsichtlich des Maschineninspectors Kiel als hinsichtlich des Maschinisten Petersen abweisen müssen.

Der Reichscommissar hat ferner beantragt, das Seeamt möge aussprechen, daß der Erlaß einer gesetzlichen Bestimmung wünschenswerth sei, durch welche für die mit den Pauckschen Röhren versehenen Dampfkessel die Vornahme einer Kaltwasserdruckprobe nach erfolgter Kesselreinigung vorgeschrieben werde. So sehr das Seeamt mit der Tendenz dieses Antrages einverstanden ist, so hat dasselbe doch geglaubt, dem bezüglichen Ausspruche die in dem Tenor festgestellte allgemeinere Fassung geben zu sollen, weil es zweifelhaft erscheinen kann, ob zur Beseitigung der mit dem Gebrauche der Pauckschen Dampfkessel verbundenen Gefahr die Ausdehnung der §§. 11 und 12 der Bekanntmachung des Reichskanzlers vom 29. Mai 1871 auf die Reinigung der Pauckschen Dampfkessel allein genügen wird und ob nicht vielmehr noch anderweitige, fernerer technischer Prüfung bedürfende Maßregeln sich als nothwendig herausstellen werden. Auch nach dieser Richtung wird auf die Gründe des Spruches vom 10. März 1885 verwiesen.

---

Die Entscheidung des Ober-Seeamts zu 4 lautet:

daß der Spruch des Königlich preußischen Seeamts zu Flensburg vom 15. September 1885 zu bestätigen und die baaren Auslagen des Verfahrens außer Ansatz zu lassen.

Gründe. Die Beschwerde des Reichscommissars würde als begründet anzuerkennen sein, wenn bei den in erster Instanz geführten Verhandlungen nicht ein Umstand unbeachtet geblieben wäre, der die Schuld sowohl des Maschineninspectors Kiel als auch des Maschinisten Petersen an dem Unfalle einer milderen Beurtheilung fähig erscheinen läßt.

Das von Beiden bemerkte Lecken des Kessels konnte in seinen Folgen eine zweifache Gefahr nach sich ziehen, und zwar erstens eine Gefahr für die Fahrt des Schiffes, da zu befürchten stand, daß, wenn das Lecken zunahm, nicht ausreichend Dampf in dem Kessel zu halten sein würde. Es geht nun aus den Aussagen aller Vernommenen hervor, daß Kiel sowohl als Petersen nur diese Gefahr im Auge gehabt und nur darüber mit einander verhandelt haben; nur so ist ihr ganzes Verhalten vor Eintritt des Unfalls zu erklären. Der Maschinist wollte die Kessel vor dem Beginn des Betriebes erst auf ihre Brauchbarkeit hin probirt haben; der Maschineninspector setzte dagegen seine Ansicht durch, daß mit dem schadhaften Kessel auch in dem Zustande, in welchem derselbe sich befand, die kurze Strecke bis nach Neumühlen zurückgelegt werden könne.

Die zweite Gefahr, die in Folge des Lecks an dem einen Kessel eintreten konnte, bestand darin, daß der erhöhte Dampfdruck das leckende Rohr herauszutreiben vermochte und dann durch den ausströmenden Dampf Menschenleben gefährdet werden konnten. Was diese zweite Gefahr betrifft, so ist aus den Beweiserhebungen zu entnehmen, daß die Möglichkeit einer solchen Folge des Lecks, nämlich daß ein Rohr Pauckscher Construction durch den Dampfdruck im Innern des Kessels aus der Rohrwand herausgepreßt werden könne, jenen beiden Personen ganz unbekannt gewesen ist. Es steht fest, daß vor dem Unfall des Dampfers „Carl" bei Kesseln mit Pauckschen Röhren seit der Zeit ihrer Einführung ein derartiges Vorkommniß, welches allgemein zur Kenntniß der betheiligten Techniker gelangt wäre, sich nicht zugetragen hat. Zwar hatten schon vor dem unglücklichen Ereigniß auf dem Dampfer „Carl" einzelne Techniker Bedenken gegen die Anwendung von Rohren Pauckscher Construction geäußert; diese Bedenken waren aber nicht in solcher Weise in die Oeffentlichkeit gedrungen, daß Kiel und Petersen davon hätten Kenntniß haben müssen. Diese waren also gar nicht in der Lage, bei der Vorbereitung der Kessel zum Betriebe die Möglichkeit in das Auge zu fassen, daß das lecke Rohr durch den Dampf aus der Rohrwand herausgedrückt werden könne. In dieser Beziehung ist ihnen mithin eine Schuld nicht beizumessen.

Dagegen ist dem Seeamt darin beizutreten, daß in anderer Hinsicht jene Beiden in ihrem Verhalten einen Mangel an Sorgfalt gezeigt haben, und zwar trifft dieser Vorwurf den Maschineninspector Kiel schwerer als den Maschinisten Petersen. Es ist erwiesen, daß Petersen den Inspector Kiel auf Vorsichtsmaßregeln zur Beseitigung von Fehlern an den Kesseln aufmerksam gemacht hat; Kiel hat aber die Vorstellungen seines Untergebenen rauh zurückgewiesen und durch seine Autorität letzteren genöthigt, seinen Anordnungen Folge zu leisten. Wäre er dem aus gerechtfertigter Vorsicht ihm ertheilten Rath des Maschinisten Petersen gefolgt, so würde der Unfall verhütet worden sein.

Die vorgekommenen Fehler lassen indessen weder bei Kiel noch bei Petersen auf einen erheblichen Mangel an den zur Ausübung des Maschinistenberufs erforderlichen Eigenschaften schließen; es ist deshalb Beiden die Gewerbebefugniß zu belassen.

Die baaren Auslagen des Beschwerdeverfahrens bleiben außer Ansatz, weil die Beschwerde vom Reichscommissar eingelegt worden ist.

## 83. Spruch des Seeamts zu Emden vom 22. December 1885, betreffend den Zusammenstoß des Schooners „Neptun" von Papenburg mit dem schwedischen Dreimastschooner „Carl".

Der Spruch des Seeamts lautet:

Die Ursache der Collision des Schooners „Neptun" von Papenburg mit dem schwedischen Dreimastschooner „Carl" von Wätö ist darauf zurückzuführen, daß der letztere der ihm obliegenden Verpflichtung zum Zeigen eines Heckfeuers nicht genügt hat. Von beiden Schiffen ist sodann zwar ferner auch den ihnen nach stattgehabter Collision obliegenden Verpflichtungen nicht nachgekommen, dafür aber in dem Umstande Entschuldigung zu finden, daß beide Schiffer die Schwere der erlittenen Beschädigungen bei dunkler Nacht nicht genügend zu übersehen vermochten und sich über deren Bedeutung im Irrthum befunden haben.

Gründe. 1. Der zu Papenburg heimathliche Schooner „Neptun", Unterscheidungssignal KGNS, erbaut in den Jahren 1878/80 auf der Klasenschen Werft daselbst, vermessen zu einem Netto-Raumgehalt von 286,0 cbm = 100,95 britischen Register-Tons ist in der Nacht vom 26. auf den 27. October 1884 im Kattegat mit dem schwedischen Dreimastschooner „Carl" von Wätö in Collision gerathen.

2. Der „Neptun" befand sich damals mit einer Besatzung von im Ganzen 5 Personen und einer Ladung Holz auf der Reise von Halstad nach Bremen, der Steuermann Geerd Oltmanns Gewald hatte in der fraglichen Nacht um 12 Uhr mit dem Matrosen Johann Berg die Wache übernommen und lag der „Neptun" seit dieser Zeit bei West Wind mit Steuerbordshalsen beim Winde. Die Seitenlichter desselben brannten ordnungsmäßig.

3. Um 1 Uhr 30 Minuten Morgens kam etwa ½ Strich in Lee voraus ein fremdes Schiff in Sicht, von dessen Lichtern überall Nichts zu sehen war. Der Steuermann hielt dasselbe, wie es sich auch in der That später als richtig herausgestellt hat, für einen gleichfalls mit Steuerbordhalsen liegenden Mitsegler, legte daher das Ruder auf, um denselben in Lee zu passiren und war nun der „Neptun" bereits 3 bis 4 Strich abgefallen, als angeblich das fremde Schiff plötzlich dwars vor dem „Neptun" zu liegen kam. Auch bei dieser Gelegenheit

will der Steuermann des „Neptun" kein Licht des fremden Schiffes, der Matrose Berg dagegen sein rothes Licht gesehen haben.

4. Der Steuermann des „Neptun" legte darauf sein Ruder in Lee, um thunlichst hinter dem fremden Schiffe herum zu kommen, indessen luvte nun auch das letztere an und lief bald nachher der „Neptun" mit seiner Backbordseite das fremde Schiff an, wobei dieses steuerbordseits zwischen Heck und Besahnwanten im Ganzen drei Mal getroffen wurde.

5. Als beide Schiffe nach kurzer Zeit wieder frei von einander waren, hat sich keines derselben weiter auf der Unfallsstelle aufgehalten und sind von keiner Seite die in der Allerhöchsten Verordnung über das Verhalten der Schiffe nach einem Zusammenstoß der Schiffe auf See, vom 15. August 1876, vorgeschriebenen Angaben gemacht worden. Uebrigens war während der Collision der Koch des „Neptun" auf das fremde Schiff übergeklettert und ist in Folge dessen letzteres als der vorgenannte Dreimastschooner „Carl" aus Wätö ermittelt.

6. Der „Neptun" machte nach der fraglichen Collision etwas Wasser und wurde daher am folgenden Tage Jomfronland angelaufen, um die erlittenen Beschädigungen auszubessern. Dieselben stellten sich hier indessen als im Ganzen unerheblich heraus, da außer einer geringfügigen Beschädigung des Schanddeckels und einiger Bergholzplanken zwischen dem Krahnbalken und den Fockwanten, der wesentlichste Schaden darin bestand, daß ein Theil der Regeling und mehrere Stützen gebrochen waren.

Daneben war noch ein Flügel des Backbordankers abgebrochen und ein Bolzen einer Fockwantrüste gebrochen, sowie ein anderer herausgesprungen. Die zur Fortsetzung der Reise nothwendig erforderlichen Reparaturen konnten daher der Hauptsache nach durch die Schiffsmannschaft selbst ausgeführt werden und hat auch die nach Ankunft in Bremen dort vorgenommene weitere Ausbesserung des „Neptun" keinen größeren Kostenaufwand, als pptr. M. 400 erfordert.

7. Was den schwedischen Dreimastschooner „Carl" anbetrifft, so hat sich dieser zur Zeit der fraglichen Collision auf der Reise von Norrland nach Hull, gleichfalls mit einer Ladung Holz befunden und ist die von seiner Besatzung über jenen Unfall belegte Verklarung in beglaubigter Abschrift zu den Akten gelangt. Daneben sind 3 Personen seiner Besatzung auf seeamtliche Requisition beim Stadtgericht in Nortellje unter Eid als Zeugen vernommen und ist in dieser Weise zunächst völlig klar gestellt, daß der „Carl" nach dem Insichtkommen des „Neptun" ein Heckfeuer nicht gezeigt hat.

8. Nach den weiteren Aussagen des Steuermanns des „Carl", welcher damals die Wache hatte und selbst, auf der Decklast umhergehend, den Ausguck besorgte, hat derselbe nicht ganz 10 Minuten vor dem Zusammenstoße das rothe Licht des „Neptun" bemerkt und ill deshalb keine Zeit mehr gehabt haben, um noch ein Heckfeuer zeigen zu können. Er behauptet ferner, daß stets nur das rothe Licht des „Neptun" gesehen sei, wie auch die ferner vernommenen beiden schwedischen Matrosen nur von diesem sprechen, und will deshalb angenommen haben, daß der sich mehr und mehr nähernde „Neptun" keine Anstalten zum Ausweichen treffe, hat dieserhalb aber endlich selbst den Befehl gegeben, das Ruder des „Carl" Steuerbord zu legen, worauf unmittelbar nachher die Collision erfolgt ist.

9. Ueber die Art der vom „Carl" bei dieser Collision erlittenen Beschädigungen lassen die vorliegenden schwedischen Verhandlungen Näheres nicht ersehen und findet sich in der erwähnten Verklarung nur bemerkt, daß sofort Wasser in das Schiff eingedrungen sei und deshalb Marstrand angelaufen wurde.

10. Nach diesen Feststellungen kann es den Vorschriften des Artikels 20 der Allerhöchsten Verordnung zur Verhütung des Zusammenstoßens von Schiffen auf See, vom 7. Januar 1880, gegenüber, einem Zweifel nicht unterliegen, daß der „Neptun" verpflichtet war, dem von ihm überholten „Carl" aus dem Wege zu gehen. Es ist indessen auch constatirt, daß der auf dem „Neptun" die Wache führende Steuermann Gewald sich dieser Verpflichtung nicht bloß bewußt gewesen ist, sondern auch derselben merklich hat genügen wollen, beziehungsweise zu solchem Zwecke Maßregeln getroffen hat, die allerdings ohne den beabsichtigten Erfolg geblieben sind.

11. In solcher Beziehung hat nun dem Obigen zufolge der Steuermann des „Neptun" zunächst behauptet, daß er beim Insichtkommen des „Carl" das Ruder aufgelegt habe und war das Manöver ohne Frage richtig, würde auch ohne Zweifel das Freilaufen des „Neptun" zur Folge gehabt haben, wenn der Steuermann bei demselben verblieben wäre.

12. Die betreffende Behauptung des Steuermanns erscheint jedoch, obgleich die beeidigte Aussage des bei dem Steuermann auf Wache befindlich gewesenen Matrosen Berg damit übereinstimmt und letzterer insbesondere sogar das rothe Licht des „Carl" gesehen haben will, unglaubwürdig, da einestheils, wenn der Steuermann in der angegebenen Weise wirklich manövrirt hätte und in Folge dessen, wie ferner behauptet ist, der „Neptun" bereits 3 bis 4 Striche abgefallen gewesen

wäre, nothwendig auf dem „Carl" das grüne Licht des „Neptun" hätte gesehen werden müssen, während die drei von der Besatzung des „Carl" vernommenen Leute nur allein das rothe Licht des „Neptun" gesehen haben, anderentheils aber auch die fragliche Behauptung des Steuermanns sich mit der ganzen Sachlage nicht vereinigen läßt, insbesondere der „Carl" nach dem kurzen Wiederanluven des „Neptun" nicht so, wie es wirklich geschehen ist, an der Steuerbordseite hätte getroffen werden können.

13. Jedenfalls war das wirklich erfolgte Anluven des „Neptun" eine fehlsame Maßregel und würde dieselbe den Steuermann des „Neptun" belastet haben, wenn Seitens des „Carl" den bestehenden Vorschriften Genüge geleistet wäre. Dies ist aber nachgewiesenermaßen in erster Stelle aus dem Grunde nicht geschehen, daß der „Carl" unterließ, dem überholenden „Neptun" in Gemäßheit des Artikels 11 der obenerwähnten Allerhöchsten Verordnung ein Hecklicht zu zeigen, durch welches der Steuermann des „Neptun" in die Lage gebracht sein würde, sich besser über die Sachlage zu unterrichten und ist somit in diesem auf Seiten des „Carl" liegenden Mangel die nächste Veranlassung der Collision zu suchen, auch die Ausrede des Steuermanns des „Carl", daß es an Zeit gefehlt habe, ein Hecklicht zeigen zu können, um so weniger für zutreffend zu erachten, als dessen eigenen Angaben zufolge seit dem Insichtkommen des rothen Lichts des „Neptun" bis zum Zusammenstoße annähernd 10 Minuten verflossen sind. Auch behaupten daneben die von der Besatzung des „Carl" vernommenen Personen, daß die fragliche Nacht zwar dunkel, übrigens aber die Luft sichtig gewesen sei und erscheint unter solchen Umständen immerhin fraglich, ob der Ausguck auf dem „Carl" mit der nöthigen Aufmerksamkeit wahrgenommen sei.

14. Zufolge des Artikels 22 der vorerwähnten Allerhöchsten Verordnung war der „Carl" ferner verpflichtet, seinen Curs beizubehalten und wenn nun freilich auch Artikel 23 cit. ein Ausweichen von dieser Regel gestattet, so ist doch nicht recht erfindlich, welche Erwägungen den Steuermann des „Carl" veranlaßten, auch seinerseits anzuluven.

15. Endlich ist auch festgestellt, daß von keinem der beiden Schiffe den Vorschriften der Allerhöchsten Verordnung über das Verhalten der Schiffer nach einem Zusammenstoße von Schiffen auf See vom 15. August 1876, genügt worden ist, sowie auch ferner, daß für keines derselben die Voraussetzung vorlag, unter welcher sie von der Beobachtung jener Vorschriften sich entbunden halten konnten. Andererseits war jedoch zu erwägen, daß die betheiligten Schiffsführer

im Dunkel der Nacht nicht in der Lage waren, sich über die Art und Bedeutung der in Folge des Zusammenstoßens erlittenen Beschädigungen ausreichend zu unterrichten und in diesen Umständen eine gewisse Entschuldigung ihres nicht vorschriftsmäßigen Verhaltens zu befinden.

## 84. Spruch des Seeamts zu Hamburg vom 22. December 1885, betreffend den Seeunfall des Schraubendampfers „Viola“ von Hamburg.

Der Spruch des Seeamts lautet:

Die Strandung des Hamburger Dampfers „Viola“ am 8. November 1885 auf Kullen ist durch den zu jener Zeit herrschenden dichten Nebel verursacht und weder dem Schiffer noch sonst Jemandem der Mannschaft ein Verschulden an diesem Unfall beizumessen.

Thatbestand. Die „Viola“, ein eisernes, in Hamburg heimathberechtigtes Schraubendampfschiff, mit einer Maschine von nominell 420 indicirten Pferdekräften und einem Netto-Raumgehalt von 1657,4 cbm = 585,08 britischen Register-Tons, Unterscheidungssignal RFSH, wurde im Jahre 1879 zu Flensburg erbaut und war bei dem Büreau Veritas für die I. Devision 3/3 A. 1. 1. + classificirt. Das Schiff wurde vom Schiffer Theodor Heinrich Dittmer geführt, hatte einschließlich desselben eine Besatzung von 18 Mann und war mit einer Ladung Stückgüter nach Stockholm bestimmt. Am 5. November 1885 Nachmittags verließ die „Viola“ Hamburg, ging am Abend jenes Tages noch in See, passirte am folgenden Morgen 6 Uhr Hornsriff-Feuerschiff und steuerte dem Skagerrack zu. Der Wind war flau aus Osten bis SO; um 9 Uhr 30 Minuten wurde es dick von Nebel und dampfte man unter stündlichem Lothen und unter vorschriftsmäßigen Nebelsignalen weiter. Man umfuhr Skagen, ohne dasselbe in Sicht bekommen zu haben und lothete sich an die schwedische Küste heran, setzte am 7. November Nachmittags SSW steuernd Curs auf Trindelen-Feuerschiff. Nachdem man vorher dessen Sirene gehört, wurde dasselbe um 3 Uhr 45 Minuten Nachmittags auf 2 Seemeilen Distanz in Sicht gelaufen in der Peilung WSW ½ W. Das Patentlogg zeigte zu jener Zeit 324 Seemeilen. Je nach der Sichtigkeit der Luft wurde schnellere oder langsamere Fahrt gemacht, doch blieb es immer nebelig bei ganz flauer südlicher Brise. Um 5 Uhr 45 Minuten wurde Koppergrund-Feuerschiff W³/₄S mißweisend gepeilt und mit SzOCurs die Reise fortgesetzt. Die Entfernung des Feuerschiffes ließ sich des nebeligen Wetters wegen nicht genau schätzen. Nachts wurde der Nebel wieder stärker und von 3 Uhr Morgens am 8. November an ging die Maschine ganz langsam. Die von dem Trindelener-Feuerschiff an gelaufene Distanz betrug 64 Seemeilen nach dem Patentlogg. Der Curs wurde nun auf S¹/₄O mißweisend geändert. Um 4 Uhr wurden 17¹/₂ Faden gelothet. Die Maschine arbeitete sehr langsam, sodaß das Schiff etwa 3 Seemeilen in der Stunde machte. Der Curs wurde jetzt S¹/₄W mißweisend geändert. Um 5 Uhr ergab das Loth 15 Faden, wonach der Curs auf S¹/₂W mißweisend geändert wurde. Um 5 Uhr 20 Minuten stieß das Schiff bei fortdauerndem starken Nebel plötzlich auf Grund und blieb sitzen, obwohl die Maschine sofort mit voller Kraft rückwärts angesetzt wurde. Die Peilung der Pumpen ergab Wasser im Vorderraum, weshalb die Hand- und Dampfpumpen in Gang gesetzt wurden. Der Ballasttank No. 3 wurde lenz gepumpt. Der Tank No. 2 war aber nicht lenz zu bekommen. Dann wurden die Boote für alle Fälle klar gemacht und ein Warpanker nach hinten ausgebracht. Es gelang indeß nicht, das Schiff abzuhieven. Trotz allen Pumpens nahm das Wasser im Vorderraum noch zu. Von den auf die gemachten Nothsignale zur Hülfe geeilten Fischerbooten wurde die Auskunft ertheilt, daß das Schiff ungefähr zwei Seemeilen östlich vom Feuerthurm auf Kullen aufgelaufen sei und auf Steingrund in sehr gefährlicher Lage stehe. Da keine Aussicht vorhanden war, das Schiff mit eigener Hülfe wieder abzubringen, wurde wegen eines Switzer'schen Bergungsdampfers telegraphirt und Nachmittags unter Aufsicht schwedischer Zollbeamten mit der Löschung der Ladung begonnen. Das Schiff stand vorne 4 Fuß aus der Last auf Felsen, an Steuerbord fand man 7 Fuß und an Backbordseite 12 Fuß Wassertiefe, in Folge dessen das Schiff bedenklich nach Backbord hin überlag. Hinten lag das Schiff flott bei 24 Fuß Wassertiefe, 1¹/₂ Bootslängen entfernt waren bereits 14 Faden Wassertiefe. Der Wind blieb flau und die See ruhig. Der starke Nebel hielt noch immer an. Nachmittags kam ein Segelschiff im Nebel ganz in die Nähe der „Viola“ und wäre beinahe in deren Heck hineingerannt. Durch das Rufen der Besatzung der „Viola“ aufmerksam gemacht, gelang es demselben noch von der Küste freizukommen und in der Nähe vor Anker zu gehen. Abends wurde die Brise nördlich und klarte die Luft auf, auch nahm der Seegang zu.

Um 8 Uhr Abends erschien der Bergungsdampfer „Hertha", mit welchem, da das Wasser im Schiff noch immer zunahm, ein Bergungscontract abgeschlossen wurde.

In Folge des nördlichen Windes stieg das Wasser während der Nacht und gelang es dem Bergungsdampfer schon am folgenden Morgen, den 9. November um 7 Uhr die „Viola" wieder flott zu bekommen. Nachdem mehrere der großen Löcher durch Taucher provisorisch gedichtet worden, konnte das Schiff unter eigenem Dampf nach Kopenhagen fahren.

Nach Entlöschung der Ladung ging das Schiff nach Helsingör behufs Reparatur. Es zeigte sich, daß der Boden des Schiffes schwer beschädigt worden war.

Schiffer Dittmer will das Abfeuern der bei dem Leuchtthurm auf dem Cap Kullen aufgestellten Nebelsignalkanone nicht gehört haben. Ob dieselbe an dem fraglichen Morgen in Thätigkeit gewesen ist, hat nicht festgestellt werden können. Anzunehmen ist dies freilich, doch mag die „Viola", indem sie in die Bucht Skelder Wiek hineingerieth, nicht in die Schalllinie jenes Nebelsignals gekommen sein. Die Fahrt durch das Kattegat war dem Schiffer Dittmer aus vielfachen Reisen, die derselbe mit einem anderen derselben Rhederei gehörigen Schiffe gemacht hatte, genau bekannt. Die „Viola" hatte Schiffer Dittmer schon früher gefahren, indeß auf anderen Reisen. Inzwischen waren Compasse neuester Construction auf derselben aufgestellt und deren Deviation im August 1885 durch Beamte der Seewarte festgestellt worden. Die hierüber aufgemachte Deviationstabelle befand sich an Bord.

Gründe. Nach dem vorstehenden Thatbestande ist jene Strandung in erster Linie unzweifelhaft durch den dichten Nebel herbeigeführt, welcher zur fraglichen Zeit im Kattegat herrschte und der jede sichere Orientirung verhinderte; denn ohne den Nebel würden die zahlreichen auf jener Route liegenden Leuchtfeuer rechtzeitig in Sicht gekommen und der Curs des Schiffes hiernach controlirt worden sein.

Schiffer Dittmer schreibt die Strandung seines Schiffes östlich von Kullen aber auch einer Stromversetzung zu, und es wird des Weiteren zu prüfen sein, in wie weit diese Annahme begründet ist. Nach dem Patentlogg hatte die „Viola" von der letzten Peilung des Trindelen-Feuerschiffes bis zum Augenblick der Strandung 70 Seemeilen gelaufen. Dies würde den gesteuerten Cursen zufolge eine Position ergeben, welche von dem Strandungsorte NWzW¾W 12 Seemeilen entfernt liegt. Es hat demnach eine Versetzung nach der Richtung SOzO3/4O stattgefunden, eine Richtung, welche von dem gesteuerten Curse um reichlich 1/2 Strich abweicht. In der Voraussetzung, daß die im Journal eingetragenen Curse und Distanzen richtig sind — und das Seeamt hat keinen Grund, hieran zu zweifeln — hätte darnach eine Strömung von durchschnittlich nahezu einer Seemeile die Stunde in SOzO Richtung nach der schwedischen Küste zu stattfinden müssen.

Eine solche Annahme ist indeß nach den über die Strömungen im Kattegat gemachten Erfahrungen und Beobachtungen auf den Feuerschiffen, wonach der Strom, wenn ein solcher vorhanden ist, zwischen den Feuerschiffen Trindelen und Kobbergrund und der schwedischen Küste größtentheils in Nord- oder Südrichtung setzen soll (siehe Segelhandbuch für die Ostsee S. 55), nicht sehr wahrscheinlich. Hiernach würde man also nur den Theil der Versetzung, welcher in der Richtung des Curses, also nach Süden läge, als Stromversetzung annehmen können, und es liegt die Vermuthung nahe, daß die Versetzung nach Osten eher einem Fehler im Curse zuzuschreiben sei, als einer Stromversetzung nach dieser Richtung. Beobachtungen über die Deviation des Compasses konnten nach Aussage des Schiffers Dittmer während der Reise nicht gemacht werden, auch lagen in Folge der angeführten Verhältnisse von früheren Reisen keinerlei Beobachtungen vor, sodaß Schiffer Dittmer sich genöthigt sah, die von den Beamten der Seewarte im August 1885 auf der Elbe beobachtete Deviation in Rechnung zu bringen. Dieselbe erwies sich auch anfangs als richtig und steuerte Schiffer Dittmer nach derselben gut um Skagen herum, und da er dieses Cap des dichten Nebels wegen nicht in Sicht bekam, nach der schwedischen Küste hinüber. Der Curs wurde dann SSW nach dem Compaß auf Trindelen-Feuerschiff gesetzt, welches auch in Sicht gelaufen wurde. Es zeigte sich indeß hier bereits, wie eine Rückrechnung des vom Mittag an gesteuerten Curses und der durchlaufenen Distanz ergiebt, eine Versetzung nach Osten. Setzt man nämlich den Curs SSW, welcher mit der in Rechnung gebrachten Deviation von 6 Grad Ost SSW1/2W giebt, mit der durchlaufenen Distanz von 26 Seemeilen rückwärts von der Position bei Trindelen-Feuer ab, so erhält man einen Ort in der Nähe der schwedischen Insel Klöfwer zwischen den Scheren, wo das Schiff sich nicht befunden hat. Der wirkliche Ort lag natürlich westlicher, und dann müßte das Schiff, wie es auch die Absicht des Schiffers war, mit dem gesteuerten Curse, falls diese Deviation richtig, Trindelen-Feuer entweder gerade auf den Kopf oder eher etwas westlich angelaufen haben. Schiffer Dittmer giebt zu, den SSWCurs wirklich gesteuert zu haben. Die Versetzung nach Osten hat derselbe aber offenbar nicht beachtet, da nach dem Anlaufen von Trindelen-Feuer für eine Rückrechnung kein dringender augenblicklicher Anlaß vorlag und die weitere Navigirung des Schiffes seine Aufmerksamkeit vollauf in Anspruch nahm. Es ist aber in hohem Grade wahrscheinlich, daß diese Versetzung nach Osten, sowie die nachfolgende Versetzung bis zum Orte der Strandung einer Aenderung in der Deviation von etwa einem halben Strich zuzuschreiben ist, da bereits eine alte Erfahrung, die schon in den früheren englischen Lehrbüchern über Deviation, z. B. Elementary Manual for the Deviations of the Compass in Iron Ships, London 1870, pag. 84 und neuerdings in den Annalen der Hydrographie und maritimen Meteorologie 1879, S. 43 und 44, sowie in den Publicationen der Seewarte (vergl. Segelhandbuch für den Atlantischen Ocean S. 329 und 330), sowie „Aus dem Archiv der Seewarte" 1879 über die Veränderungen des Magnetismus in eisernen Schiffen S. 27 ausgesprochen ist, lehrt, daß, wenn eine Zeitlang ein bestimmter Curs gesteuert ist und man ändert denselben und benutzt dabei eine Deviation, welche früher, nachdem das Schiff andere Curse gesteuert oder im Hafen gelegen hat, beobachtet ist, allemal eine Versetzung in der Richtung des alten Curses stattfindet. In dem vorliegenden Falle müßte demnach, da durch das Skagerrack östliche Curse gesteuert waren und eine Deviation in Rechnung gebracht worden, welche ausgehend aus Hamburg, nachdem das Schiff auf westlichem Curse im Hafen gelegen und nordwestliche Curse gesteuert hatte, bestimmt war, eine Versetzung nach Osten die Folge sein. Auf der bei Regulirung der Compasse von den Beamten der Seewarte für die „Viola" angefertigten Deviationstabelle war bemerkt, daß im Kattegat die Deviation wahrscheinlich mehr westlich gefunden werden würde, sodaß südlicher gesteuert werden müsse. Schiffer Dittmer hat seiner Aussage nach zuletzt auch jene Warnung beachtet, indem er in den letzten Stunden vor der Strandung einen Strich südlicher steuern ließ; doch hat derselbe offenbar jener Warnung nicht genügend Rechnung getragen. Das Seeamt glaubt indeß nicht, dem Schiffer Dittmer hieraus einen Vorwurf machen zu sollen, und zwar umsoweniger, weil ihm auf der ganzen Reise des herrschenden nebeligen Wetters wegen die Möglichkeit zu directen selbständigen Beobachtungen der Deviation fehlte. Frühere Beobachtungen lagen demselben aber nicht vor und zur Zeit der Regulirung der neu aufgestellten Compasse hatte Dittmer noch nicht wieder das Commando der „Viola". Für den Schiffer Dittmer ist daher auch der herrschende Nebel die Hauptursache der Strandung gewesen. Es kann indeß den Führern eiserner Schiffe die Vornahme fortdauernder Beobachtungen der Deviation nicht dringend genug anempfohlen werden, da dieselben von der größten Wichtigkeit für die sichere Navigirung der Schiffe sind.

Schiffer Dittmer ist im Uebrigen bestrebt gewesen, sich seiner Position durch wiederholtes Lothen zu vergewissern, und hat das Seeamt die Ueberzeugung gewonnen, daß in dieser Beziehung nichts verabsäumt worden ist. Die geworfenen Tiefen stimmten mit denen des richtigen Curses im Wesentlichen überein und ließen den Schiffer das Abweichen von seinem Curse nicht erkennen.

Die Fahrt des Schiffes war dem nebeligen Wetter entsprechend. Es fragt sich nur, ob Schiffer Dittmer nicht richtiger gethan hätte, zu ankern, da doch überall Ankergrund war. Vorsichtiger wäre dies zwar gewesen, wie auch vom Reichscommissar hervorgehoben; einen Vorwurf glaubt indeß das Seeamt dem Schiffer Dittmer aus dieser Unterlassung nicht machen zu sollen, da nicht zu verkennen ist, daß das Ankern während des Nebels inmitten einer so verkehrsreichen Wasserstraße für das dadurch manövrirunfähig werdende Schiff gleichfalls nicht ohne Gefahr ist.

Das Verhalten des Schiffers und der Besatzung nach der Strandung giebt zu Ausstellungen keinerlei Anlaß.

## 85. Spruch des Seeamts zu Hamburg vom 31. December 1885, betreffend den Seeunfall des Schraubendampfers „Grasbrook" von Hamburg.

Der Spruch des Seeamts lautet:

Die am 21. Juni 1885 erfolgte Strandung des Dampfers „Grasbrook" in der Nähe von Cap Ballard auf New-Foundland ist durch den zur Zeit der Strandung herrschenden Nebel und durch die von Schiffer Schwaner unterschätzte durchlaufene Distanz entstanden.

Schiffer Schwaner würde vorsichtiger gehandelt haben, wenn er seinen Curs unter den gegebenen Verhältnissen nicht so scharf auf Cap Race gesetzt hätte.

Die Führung des Schiffsjournals ist zu tadeln.

Thatbestand. Der in Hamburg im Jahre 1882 erbaute und hier beheimathete, als Schooner getakelte, eiserne Schraubendampfer „Grasbrook", Unterscheidungssignal RGHQ, welcher eine Maschine von 700 indicirten Pferdekräften und einen Netto-Raumgehalt von 4134,0 cbm (= 1459,33 britischen Register-Tons) hat und im Eigenthum der Dampfschiffs-Rhederei „Hansa", Vorstand C. F. Laeisz, zu Hamburg steht, strandete am 21. Juni 1885 Nachmittags 5 Uhr in der Nähe von Cap Ballard auf New Foundland. In schwer havarirtem Zustande kam das Schiff nach Verlauf von 36 Tagen am 27. Juli wieder vom Strande ab und in St. Johns ein. Menschenleben sind bei dem Unfall nicht verloren gegangen; von der Ladung war ein großer Theil stark beschädigt und werthlos geworden.

Der „Grasbrook" hatte am 2. Juni 1885 Hamburg und am 11. Juni Antwerpen mit der Bestimmung nach Quebec und Montreal verlassen. Nachdem die Reise bis zum 20. Juni bei schönem Wetter ohne besondere Vorkommnisse verlaufen war und das Schiff sich nach der am Mittage jenes Tages gemachten ziemlich guten Observation auf 48 Grad 13 Strich nördlicher Breite und 47 Grad 31 Strich westlcher Länge befand, traf man die von ihrer Besatzung verlassene Bark „Birgitte" aus Christiania, welche als werthloses Wrack und als der Schiffahrt gefährlich nach Bergung eines Chronometers und diverser Kleinigkeiten in Brand gesteckt wurde. Von hier wurde der rechtweisende Curs WSW auf Cap Race gesetzt. Bald nachher wurde es dick von Nebel. Man setzte nun die Reise je nach der Sichtigkeit der Luft mit geminderter Fahrt unter Abgabe der vorschriftsmäßigen Nebelsignale fort. Der Nebel hielt während der Nacht und des folgenden Tages an. Am 21. Juni befand sich der „Grasbrook" Mittags nach Loggrechnung auf 47 Grad 5 Strich nördlicher Breite und 51 Grad 42 Strich westlicher Länge. Eine Observation hatte des Nebels wegen nicht genommen werden können. Nach Zurücklegung weiterer 25 Seemeilen mit WSW Curs wurden von dem Mann auf Ausguck plötzlich Felsen gerade voraus rapportirt. Während der die Wache habende erste Steuermann Gerloff dieselben fast gleichzeitig einige Strich über Backbord erblickte, hielt der ebenfalls auf der Brücke befindliche Schiffer Schwaner jene dunkele, eben über dem Wasser hervorragende Masse anfangs für einen Wallfisch, erkannte jedoch unmittelbar darauf die Gefahr, ließ das Ruder hart Backbord legen und die mit halber Kraft arbeitende Maschine auf volle Kraft vorwärts stellen, um das Schiff thunlichst schnell über Steuerbord herumzubringen, da auf jener Seite das Wasser rein zu sein schien. Das Schiff fiel auch 3 Strich ab, stieß dann aber heftig auf den Grund und blieb sitzen. Sofort wurde die Maschine gestoppt, alle Schleusen der verschiedenen Abtheilungen geschlossen, auch die Dampfpumpe in Thätigkeit gesetzt. Das Schiff lief aber rasch voll Wasser. Um das Sinken in tiefem Wasser zu vermeiden, wurde die Maschine nicht auf rückwärts gestellt. Das Loth zeigte am Heck 30 Fuß Wasser. Der Tiefgang des Schiffes betrug vorne 15 Fuß 6 Zoll, hinten 17 Fuß. Hierauf wurden die Boote klar gemacht für den Fall, daß es nöthig wäre, das Schiff zu verlassen. Um Hülfe herbeizurufen, wurden Kanonenschüsse abgefeuert. Kurz darauf erschien auch eine Anzahl Fischer mit ihren Booten längsseits, durch welche dann ein Telegramm nach Renewse, der nächsten Telegraphenstation, gesandt wurde, um von St. Johns Hülfe herbeizuholen. Der „Grasbrook" war 4 Seemeilen südlich von Renewse Rock dicht bei Cap Ballard gestrandet.

Am folgenden Abend erschien der Dampfer „Hercules" aus St. Johns mit einem Taucher, welcher eine schwere Beschädigung des Schiffes constatirte. Bei der verhältnißmäßig günstigen Lage des Schiffes und dem größtentheils schönen Wetter nahmen die Bergungsarbeiten einen günstigen Verlauf. In den ersten Tagen des Juli mußten dieselben in Folge eingetretenen schweren Seeganges und östlicher Winde halber zeitweilig sistirt werden, während welcher Zeit Schiffer Schwaner allein an Bord verblieb. Am 27. Juli gelang es endlich den Bergungsdampfern „J. Merritt" und „Earl Dufferin" den „Grasbrook" abzuschleppen und zunächst nach Fermeuse Harbour einzubringen, von wo derselbe später nach St. Johns geschleppt und dort behufs Reparatur gedockt wurde. Nach einem zu den Acten gelangten Besichtigungsattest sind 14 Fuß des Vorderstevens fortgerissen und sowohl an Steuerbord wie an Backbordseite größere Löcher bis zu 14 Fuß Länge in den Boden des Schiffes gerissen.

Der Bericht des deutschen Consuls aus St. Johns über jene Strandung hebt die Bergung des Schiffes als eine ganz hervorragende Leistung jener amerikanischen Bergungsgesellschaft hervor.

Im Einzelnen hat die Beweiserhebung noch Folgendes ergeben.

Der Regel- oder Azimuthcompaß, welcher, da auf der oberen Brücke mit dem Dampfruder gesteuert wurde, als Steuercompaß benutzt wurde, steht über dem von Holz gebauten Kartenhause auf der Commandobrücke 5,6 Meter über dem Hauptdeck und 7,5 Meter vor dem Schornstein. Ein Pfahlcompaß stand vor der Commandobrücke 10,8 Meter vom Schornstein entfernt und 6,9 Meter über dem Hauptdeck. Ein weiterer Steuercompaß im Steuerhause unter der Commandobrücke.

Ein vierter Compaß befand sich auf dem Hinterdeck unmittelbar vor dem Steuerapparat. Die Compasse selbst waren von der Firma A. Carstens in Hamburg geliefert; die Compaßrosen von 20 Centimeter (8 Zoll) Durchmesser mit 4 Magnetnadeln und je 2 Lamellen versehen. Nach einer Mittheilung der Kaiserlichen Seewarte ist die Compaßausrüstung und Aufstellung als eine genügend gute zu bezeichnen. Der Pfahlcompaß sei bei der im Juni 1882 stattgehabten Probefahrt und der durch die Beamten der Seewarte vorgenommenen Regulirung der Compasse und der Bestimmung der Deviation nicht compensirt worden. Bei dem Regelcompaß sei nur die viertelkreisartige Deviation sowie der Krängungsfehler compensirt. Vom Juli 1882 bis Mai 1885 seien vom Schiffer Schwaner fortdauernd auf allen Reisen des Schiffes nach Westindien, New Orleans, Buenos Ayres, nach der Westküste von Africa, Halifax und New-York Beobachtungen über die Deviation des Regelcompasses angestellt und der Seewarte eingereicht. Aus derselben ginge hervor, daß vom December 1882 an in den Deviationsverhältnissen des Regelcompasses keine wesentliche Aenderung mehr stattgefunden, auch die Beobachtungen eine gute innere Uebereinstimmung gezeigt hätten, sodaß daraus auch auf ein gutes Arbeiten des Compasses geschlossen werden könne. Die von der Seewarte aus den Beobachtungen aller Reisen vom December 1882 bis Mai 1885 abgeleiteten Constanten der Deviation ergaben für die Ausreise nach New-Foundland auf den bei Cap Race zu steuernden Cursen folgende Deviationen:

| | | |
|---|---|---|
| NW | + | 2,5° (+ Ost) |
| NWzW | + | 5,4° |
| WNW | + | 7,7° |
| WzN | + | 9,8° |
| W | + | 11,3° |
| WzS | + | 12,4° |
| WSW | + | 13,1° |
| SWzW | + | 13,4° |
| SW | + | 13,5° |

Das vom Schiffer Schwaner auf der fraglichen Ausreise geführte Deviationsjournal ergiebt nun ganz unabhängig von jener Entwicklung auf Grund selbständiger Beobachtungen, insbesondere am 20. Juni, also am Tage vor der Strandung, folgende Deviationen:

| | | |
|---|---|---|
| NWzW | + | 5° Ost |
| WNW | + | 8° |
| WzN | + | 9° |
| W | + | 11° |

WzS + 12°
WSW + 14°
SWzW + 13°
SW + 13°

Die Loggrechnung will Schiffer Schwaner stets genau controlirt haben. In Thätigkeit war ein Patent-Taffrail-Logg, dessen Zifferblatt sich an Bord befand und dort, namentlich während des herrschenden Nebels, alle Stunde abgelesen wurde. Unter gewöhnlichen Verhältnissen wurde das Logg jeden Mittag abgelesen. Nach Aussage des ersten Steuermanns Gerloff sind die im Journal eingetragenen Distanzen bis zum Mittage von dem bis dahin die Wache habenden zweiten Steuermann, später während der Wache des ersten Steuermanns von dem Schiffer Schwaner selbst abgelesen worden. Dies Patentlogg zeigte immer zu viel, bis zu 20 Seemeilen im Etmal. Von dem an Bord befindlichen Handlogg ist kein Gebrauch gemacht worden.

Nach dem Journal hat nur an zwei Tagen, am 17. Juni und am 21. Juni, keine Observation stattgefunden. Die letzte Observation am 20. Juni hat Schiffer Schwaner selbst vorgenommen, während Steuermann Gerloff das verlassen angetroffene Wrack der „Birgitte" in Brand steckte.

Während des Nebels war der Dampfdruck vermindert worden, um das Abblasen des Dampfes bei langsamerer Gangart zu vermeiden, weil dadurch leicht andere Nebelsignale überhört werden konnten. Bei voller Kraft machte die Schraube 66—68, bei halber Kraft 40 bis 42 Umdrehungen, bei langsam je nach der Gangart entsprechend weniger. Bei voller Kraft läuft der „Grasbrook" bis zu 11 Seemeilen per Stunde. Von 11 Uhr 15 Minuten ab am 21. Juni wurde nur mit halber Kraft gedampft. Nach 12 Uhr wurde der Nebel über Wasser sehr dick, oben war Sonnenschein, auch herrschte totale Windstille und kein Seegang. Die Sichtweite im Nebel wird von der Mannschaft fast übereinstimmend auf eine Schiffslänge angegeben, Bootsmann Bröhan konnte von seinem Standpunkt unter der Back den Flaggenstock am Heck gut sehen. Nur Matrose Quast, welcher auf Ausguck war, giebt die Sichtweite geringer an und will von der Back aus den Großmast nicht haben sehen können.

Das Nebelsignal von Cap Race ist vor der Strandung nicht gehört worden, nach der Strandung will Schiffer Schwaner dasselbe vernommen haben.

Das Besteck wurde von den beiden Steuerleuten ausgerechnet; Besteckversetzungen sind in dem Journal nicht angegeben. Schiffer

Schwaner will jene Ausrechnungen controlirt haben. Unterschrieben ist das Journal vom Schiffer nicht. Schwaner hält seine Unterschrift nur am Ende der Reise für nöthig und erklärt das Fehlen zu diesem Zeitpunkt durch die in Folge der Strandung eingetretenen besonderen Verhältnisse.

Nach der im Journal verzeichneten Besteckrechnung mußte sich das Schiff zur Zeit der Strandung noch 39 Meilen von Cap Race und 28 Meilen vom nächsten Lande befinden.

Das dem Seeamt gleichfalls vorgelegte Kladdejournal weist für den letzten Tag auf allen Wachen eine gleichmäßig zurückgelegte Distanz von 29 Seemeilen auf, was ein Gesammtresultat von 174 Seemeilen ergeben würde, während in der Journalreinschrift für jede Wache verschiedene Distanzen von zusammen 181 Seemeilen eingetragen sind. Eine dahin gehende Correctur des Gesammtresultats der an jenem Tage gelaufenen Distanz sowie eine Correctur der Besteckrechnung ist in dem im Uebrigen mit Bleistift geführten Kladdejournal mit Tinte vorgenommen.

Schiffer Schwaner vermochte über diese in der Hauptverhandlung hervortretenden Umstände keine Auskunft zu ertheilen. Der zweite Steuermann hält die in das Kladdejournal gemachten Eintragungen als die ersten für die richtigeren. Steuermann Gerloff hat in Folge schwerer Erkrankung nicht vor dem Seeamt erscheinen können. Die in der Voruntersuchung erfolgte commissarische Vernehmung desselben durch das Amtsgericht seines Heimathsortes hat hierüber näheren Aufschluß nicht ergeben. Gerloff war vom Schiffer Schwaner zugleich mit mehreren anderen Leuten der Besatzung nach der Bergung des Dampfers in St. Johns abgemustert worden, da auf angeblich erhaltene Ordre der Rhederei das Schiffspersonal bis zur Reparatur des Schiffes thunlichst verringert werden sollte. Von der späteren Anwesenheit des Gerloff in Hamburg, bei welcher dieser sich mit der Rhederei wegen seiner plötzlichen Abmusterung auseinandersetzte, hat das Seeamt keine Kenntniß erlangt, obwohl jene Rhederei unter dem 10. Juli ersucht worden war, von dem Eintreffen der Mannschaft Anzeige zu machen und auch dieserhalb wie bezüglich des Eingangs der Havariepapiere bei derselben wiederholt Nachfrage gehalten worden war. Nur der Auszug aus dem Bericht des Schiffers gelangte zu den Acten. Noch am 30. November erklärte der Vorstand der Rhederei, daß Havariepapiere nicht eingegangen seien, ohne hierbei der schon vor längerer Zeit erfolgten Rückkehr der entlassenen Leute zu erwähnen. Erst nach der am 7. December hier erfolgten Wiederankunft des inzwischen reparirten Dampfers gelangte das Seeamt in den Besitz des weiteren Beweismaterials und der schon am 14. August in St. Johns vor dem deutschen Consul belegten Verklarung. Vor letzterem haben keine weiteren Ermittlungen und Beweiserhebungen zur vorläufigen Feststellung des Thatbestandes stattgefunden. Die Aussagen der dort abgemusterten Mannschaft sind bis auf das Zeugniß des Steuermanns Gerloff verloren gegangen.

Gründe. Aus dem mitgetheilten Beweismaterial ergiebt sich zunächst, daß seitens der Schiffsführung während der Reise eine genaue Beobachtung der Compasse stattgefunden hat und daß die vielfach günstige Gelegenheit benutzt worden ist, die Deviation des Compasses festzustellen. Das vom Schiffer Schwaner geführte Deviationsjournal weist nicht weniger als 29 Beobachtungen auf, von denen die am Tage vor der Strandung gemachten noch durch eine völlig ruhige See und schönes Wetter sehr begünstigt wurden. Ein Vergleich dieses Deviationsjournals mit den von der Seewarte ganz unabhängig hiervon aus früheren Reisebeobachtungen auf dem „Grasbrook" entwickelten Deviationsbestimmungen ergiebt eine völlige innere Uebereinstimmung und läßt mit Sicherheit den Schluß zu, daß Störungen oder Fehler des Compasses nicht die Ursache der Strandung gewesen sind.

Weit eher scheint zur Herbeiführung des Unfalles eine unrichtige Bestimmung der durchlaufenen Distanz, welche des Nebels wegen durch Beobachtungen nicht controlirt werden konnte, beigetragen zu haben.

Bis zum 20. Juni verlief die Reise äußerst günstig; mit Ausnahme weniger Tage konnten regelmäßige Observationen genommen werden, zu denen Schiffer Schwaner stets beide Steuerleute hinzuzog. Am Tage vor der Strandung wurde die letzte und zwar ziemlich gute Observation vom Schiffer Schwaner selbst gemacht.

Die Richtigkeit des Bestecks, wonach das Schiff an jenem Tage auf 48 Grad 13 Strich Nordbreite und 47 Grad 31 Strich Westlänge stand, ist daher wohl nicht zu bezweifeln. In der nach dieser letzten Observation gelaufenen Distanz liegt aber offenbar der Fehler und muß diese durchlaufene Distanz erheblich größer gewesen sein, wie eben die Thatsachen beweisen. Daß die gelaufene Distanz unterschätzt worden, hat wesentlich seinen Grund darin, daß ein Patentlogg benutzt wurde, welches, wie durch die Beweisaufnahme festgestellt worden, als höchst unzureichend bezeichnet werden muß.

Es gereicht dem Schiffer Schwaner zum Vorwurf, die ihm bekannt gewesene Unzuverlässigkeit des Loggs nicht durch das Handlogg controlirt zu haben.

Gerade die Nähe der Küste, vor welcher er sich befand, hätte ihn zu größerer Vorsicht mahnen sollen und kann das Seeamt ihm auch in weiterer Beziehung nicht den Vorwurf ersparen, bei dem herrschenden Nebelwetter seinen Curs zu scharf auf Cap Race gesetzt zu haben. Der Curs, welcher von der letzten Observation an gesteuert wurde, war auf ungefähr 4 Seemeilen nördlich von Cap Race abgesetzt gleichzeitig unter der Voraussetzung, daß der längs der Küste südlich setzende arctische Strom das Schiff frei von Cap Race führen würde. Das Seeamt kann diese Navigirung bei dem herrschenden Nebelwetter für eine vorsichtige nicht halten. Bei dem an jener Küste so vielfach auftretenden starken Nebel ist ein nördliches Ansteuern derselben, wenn man nach dem Golf von St. Lawrence bestimmt ist, nicht gerathen. Uebereinstimmend sprechen sich auch dahin alle Segelanweisungen aus, von denen der Atlantic Ocean Pilot von Imray, London 1883, S. 619 folgende Directive enthält:

> Bound to the Gulf of St. Lawrence. — It is recommended to make the coast of Newfoundland in the vicinity of cape Race, in lat. 46° 39′ 12″, long. 53° 2′ 28″, but such a course should be steered as will not carry the vessel northward of that headland or there will be danger of running on shore in thick weather.

Der Newfoundland Pilot 1878 S. 11 besagt:

> The best route to follow on leaving the English channel is to make a little northing, so as to cross the meridian of 18° W. in lat. 50° N., continuing to make northing if bound to the northern ports of Newfoundland; but if to the south part of the island or gulf of St. Lawrence, southing should be made, so as to strike the Great bank between the parallels of 45° and 46° N.

Auch das Segelhandbuch der deutschen Seewarte 1885 S. 376 empfiehlt bei Reisen nach den nordamerikanischen Häfen die Route im Norden des Golfstromes zu nehmen und „um diese zu verfolgen, sollte man sich so einrichten, daß der Meridian von 50 Grad West zwischen 43 Grad und 46 Grad nördlicher Breite, also auf der Newfoundland-Bank überschritten wird."

Schiffer Schwaner schnitt jenen Meridian von 50 Grad West zwischen dem 47. und 48. Grad nördlicher Breite.

Ist diese Navigirung besonders unter den obwaltenden Witterungsverhältnissen keine vorsichtige zu nennen, so glaubt das Seeamt dem Schiffer Schwaner doch keinen härteren Vorwurf, als aus den obigen

Ausführungen sich ergiebt, machen zu sollen, da derselbe es im Uebrigen bei seiner Navigirung nicht an der erforderlichen Aufmerksamkeit hat fehlen lassen. Ganz besonders hat aber auch der schon seit dem Tage vor der Strandung herrschende Nebel die Controle des Bestecks und das Erkennen des irrigen Curses verhindert. Bei einer nur einigermaßen sichtigen Luft würde man noch rechtzeitig die Gefahr haben entdecken können.

Das Loth würde auf dem einmal eingeschlagenen Curse dem Schiffer keinen bestimmten Anhalt gewährt haben, da die Tiefenverhältnisse bis dicht vor der Küste zu sehr wechselnde sind, als daß sie rechtzeitig Aufschluß über die bestehende Gefahr hätten geben können. Von wesentlichem Nutzen würde das Loth dagegen bei dem südlicheren Curse gewesen sein, auf welchem sich wiederholt Gelegenheit geboten hätte, an der Südküste New-Foundlands Land zu machen. Schiffer Schwaner hat dies in der Verhandlung selbst zugegeben, und es steht zu erwarten, daß er den im vorliegenden Falle begangenen Fehler in Zukunft vermeiden wird.

Dafür, daß eine nördlich setzende Strömung auf das Schiff eingewirkt habe, wie Schiffer Schwaner annehmen will, hat die Beweisaufnahme nichts ergeben. Zur Zeit der Strandung war Fluth und setzt die Strömung in solchen Gezeiten an jener Küste fast ausnahmslos SW, wie speciell der New-Foundland-Pilot S. 7 erwähnt. Ist Schiffer Schwaner trotz der südlichen Strömung mit seinem Schiff nördlicher gelangt als er annahm, so läßt dies weit eher die Vermuthung zu, daß noch am Morgen des 21. Juni nördlichere Curse gesteuert worden sind, als solche in die Journale eingetragen sind. Schiffer Schwaner bestreitet dies zwar und will seit der letzten Observation einen rechtweisenden WSWCurs durchweg gesteuert haben; die diesbezüglichen Eintragungen in das Kladdejournal, die gerade hier Correcturen aufweisen, sind indeß nicht geeignet, dies außer allem Zweifel zu stellen.

Den gesetzlichen Bestimmungen bezüglich des Fahrens im Nebel scheint in genügender Weise entsprochen zu sein.

Es erübrigt noch die Frage, ob auch die vom Schiffer Schwaner nach dem Insichtkommen der Felsen vorgenommenen Manöver die zur möglichen Abwendung der Strandung geeigneten waren.

Der Reichscommissar ist der Ansicht, daß man die Maschine mit voller Kraft rückwärts, anstatt vorwärts hätte ansetzen sollen.

Durch die Beweisaufnahme ist festgestellt, daß der „Grasbrook" eine rechtshändige Schraube führt. Bei voller Kraft rückwärts müßte dann das Schiff mit hart Backbordruder den bekannten Regeln nach mit dem Bug nach Steuerbord ausgeschlagen sein, was allerdings der Situation entsprochen hätte. Schiffer Schwaner hat aber erklärt und das Seeamt hat keinen Grund, seinen Ausführungen in dieser Beziehung nicht Glauben schenken zu sollen, daß sein Schiff bei den vielfachen Versuchen, die er seit den ersten Fahrten des Schiffes mit demselben in dieser Richtung auf See angestellt, sich als durchaus nicht zuverlässig gezeigt habe und häufig den verkehrten Weg gegangen sei. Er habe deshalb, da er das schnelle Drehen des Schiffes bei vorwärtsarbeitender Schraube kenne, hierin die alleinige Möglichkeit der Rettung gesehen. Das Seeamt kann im vorliegenden Fall dem Schiffer Schwaner nicht Unrecht geben, denn da der „Grasbrook" keinen Kiel hat und deshalb, namentlich wenn die Maschine von einem langsamen Gang in einen schnellen übergeht, im Verhältniß mehr dreht als vorwärts geht, so mußte das Schiff durch jenes Manöver eine starke Drehung ausführen. Freilich hat das Manöver das Schiff nicht mehr vor der Strandung bewahrt. Einen Vorwurf verdient indeß Schiffer Schwaner aus dieser Handlungsweise nicht, da er in voller Ueberlegung handelte und die von ihm ergriffene Maßregel keine unrichtige gewesen ist, wenngleich sie von dem gewünschten Erfolge nicht begleitet war.

Was endlich die Journalführung betrifft, so trifft dabei sowohl den Schiffer Schwaner als auch den ersten Steuermann Gerloff ein ernster Tadel.

Eine Absetzung des Bestecks der letzten beiden Tage nach den Eintragungen der Journalreinschrift würde ein anderes Resultat ergeben, als nach denjenigen des Kladdejournals. In Uebereinstimmung sind beide nicht zu bringen. Die gerade bei den Eintragungen des Bestecks im Kladdejournal vorgenommenen Correcturen lassen deutlich erkennen, daß erst später andere Berechnungen aufgestellt worden sind. Derartige Unordnungen müssen aber die Glaubwürdigkeit der Aufzeichnungen nicht nur, sondern auch die Zuverlässigkeit der eingetretenen Berechnungen herabsetzen. Wie die durch die Unzuverlässigkeit des Loggs unzweifelhaft entstandenen Schwankungen bei der Berechnung der genommenen Beobachtungen berücksichtigt worden sind, ist aus den geführten Journalen nicht zu ersehen und sind dieselben bei den Berechnungen wahrscheinlich einfach ausgeglichen. Ueber die ersten Tage der Reise durch den Englischen Canal sind nur dürftige Eintragungen enthalten und Curse und Distanzen überall nicht eingetragen.

Jener Tadel trifft in erster Linie den zur ordnungsmäßigen Führung des Journals verpflichteten Steuermann Gerloff, daneben aber auch den Schiffer Schwaner, welcher die nach Artikel 486 des Handelsgesetzbuches vorgeschriebene Beaufsichtigung unterlassen hat. Die in dieser Beziehung entgegenstehende Behauptung des Schiffers Schwaner kann das Seeamt nicht als zutreffend ansehen, denn bei so offensichtlichen Unordnungen hat keine Controle stattgefunden.

Daß das Journal nicht vom Schiffer mitunterschrieben ist, mag seine Entschuldigung durch die die Strandung begleitenden Umstände finden. Legte Schiffer Schwaner aber so wenig Gewicht auf die Controle des Journals während der Reise, so wird auch die Unterzeichnung desselben nach beendigter Reise in früheren Fällen häufig unterblieben sein.

Daß nach der Strandung alles zur Rettung des Schiffes Erforderliche geschehen ist, hat der Erfolg gezeigt. Anzuerkennen ist hierbei das Verhalten des Schiffers Schwaner, welcher während mehrerer Tage, als die Lage seines Schiffes höchst bedenklich war, allein auf demselben zurückblieb und dadurch den Besitz desselben für die Eigenthümer behauptete. Dieser Umstand hat wesentlich mit zur milderen Beurtheilung des Falles beigetragen.

Das Seeamt muß sich schließlich höchst mißbilligend über das Verhalten des Vorstandes der Rhederei des „Grasbrook" äußern, in dessen wohlverstandenem Interesse es weit eher gelegen hätte, die Bemühungen des Seeamts zu unterstützen, als denselben eine an Absichtlichkeit grenzende Passivität entgegen zu setzen.

## 86. Spruch des Seeamts zu Hamburg vom 3. December 1885, betreffend den Seeunfall des Schleppdampfers „Max" von Hamburg.

Der Spruch des Seeamts lautet:

Der Unfall, von welchem der Schleppdampfer „Max" am 27. Juni 1885 auf der Unterelbe betroffen wurde und in Folge dessen der Maschinist Werneburg und der Heizer Rother ihren Tod gefunden haben, ist durch das Herausfliegen eines leck gewordenen Siederohres sogenannter Pauckscher Methode aus der Kesselwandung veranlaßt.

Die Ursachen des Leckwerdens haben sich mit Sicherheit nicht ermitteln lassen. Es ist anzunehmen, daß der Unglücksfall durch die Schuld des Maschinisten herbeigeführt ist. In wie weit die Unkenntniß mit jenem System hierzu beigetragen, hat sich nicht feststellen lassen.

Das Röhrensystem nach Pauckscher Methode bietet bei ordnungsmäßiger Ausführung und entsprechender Behandlung völlige Sicherheit.

Ein Verschulden des Schiffers an dem Unfall hat sich aus den Verhandlungen nicht ergeben.

Gründe. Am 27. Juni 1885 ereignete sich an Bord des in Hamburg heimathsberechtigten Schleppdampfers „Max", Unterscheidungssignal RGQJ, ein Unfall an dem Dampfkessel desselben, über welchen die seeamtliche Untersuchung Folgendes festgestellt hat:

Der Schlepper „Max" ist im Jahre 1884 aus Eisen in Rosslau an der Elbe auf der Werft der Gebrüder Sachsenberg erbaut worden, hat einen Netto-Raumgehalt von 49,4 cbm oder 17,43 britischen Register-Tons und eine Maschine von 150 indicirten Pferdekräften. Derselbe ist Eigenthum einer Partenrhederei, für welche Johannes Meßtorff als Correspondentrheder fungirt. Die Besatzung bestand aus 5 Personen; geführt wurde der „Max" vom Schiffer Hans Thomas Schmidt.

Der „Max" hatte die norwegische Bark „Kepha" nach Cuxhaven zu schleppen und verließ am 26. Juni 1885 Nachmittags mit derselben den Hamburger Hafen. Der Fluthstrom und der contraire Wind zwangen den Schlepper gegen 10 Uhr Abends bei Brunsbüttel mit der Bark zu ankern und den Eintritt der Ebbe abzuwarten. Als das Schiff vor Anker lag, sagte der Maschinist Werneburg zu dem Schiffer, daß man in Cuxhaven einlaufen müsse, um dort den Dampf abzublasen, da eines der Dampfrohre leck geworden sei. Um 3 Uhr am nächsten Morgen wurde wieder klar gemacht, und ging man um 3½ Uhr Anker auf. Die Maschine ging zunächst langsam, da dieselbe nur 6 Atmosphären Dampf hatte, bald darauf gab Schiffer Schmidt jedoch den Befehl volle Kraft zu fahren und begann hierauf der Heizer aufzufeuern. Man mochte ungefähr 5 bis 10 Minuten mit dieser Gangart der Maschine gefahren sein, als Schiffer Schmidt plötzlich einen dumpfen Ton hörte und bei dem Umsehen das kochende Wasser zum Schornstein herausspritzen sah. Gleich darauf kam der Heizer Rother aus dem Maschinenraum und setzte sich ohne etwas zu sagen hinten auf das Deck. Da Schmidt ein Unglück vermuthete und die Maschine still stand, gab er sofort den Befehl, von dem geschleppten Schiffe frei zu steuern. Man warf die Schlepptrosse los und ging zu Anker. Jetzt erst stürzte auch der Maschinist auf Deck, bat den Schiffer seine, des Werneburg Frau zu grüßen, da er sterben müsse, und warf sich vor ihm auf das Verdeck nieder. Es zeigte sich, daß mit Ausnahme des Gesichts der ganze Körper total verbrannt war. Schiffer Schmidt brachte den Maschinisten sofort in seine Kammer und legte ihn in mit Leinöl getränkte Tücher. Werneburg war noch vollständig bei Besinnung und theilte dem Schiffer mit, daß noch Ventile offen seien, welche geschlossen werden müßten, damit das Schiff nicht voll laufe. Der Heizer ging mit dem Schiffer noch in den Maschinenraum und half diesem bei jener Arbeit. Hierbei stellte sich heraus, daß im Backbordfeuerrohr das Feuer noch brannte, und da zu befürchten war, daß die Siederohre verbrennen würden, erhielt der Steuermann Befehl, das Feuer heraus zu reißen. Inzwischen war die Nothflagge gesetzt worden. Einige Zeit nachher passirte ein elbabwärts kreuzender Staatsever, welchem mitgetheilt wurde, daß zwei schwer Verwundete — die Verletzung des Heizers hatte sich inzwischen auch als recht erheblich herausgestellt — an Bord seien. Der Ever erklärte die Verwundeten nicht mitnehmen zu können, versprach aber dem Zollkreuzdampfer „Deutschland", welcher bei Brunsbüttel vor Anker lag, Bescheid zu geben und kam dieser auch um 6 Uhr Morgens längsseits. Der „Max" wurde ins Schlepptau genommen und nach Cuxhaven eingebracht. Die beiden Leute kamen sofort in das Hospital und starb Werneburg schon nach Verlauf weniger Stunden. Rother erlag erst nach etwa 8 Tagen seinen Verletzungen.

Als der Vorfall eintrat, stand der Heizer vor dem Steuerbordfeuer und warf Kohlen auf. Er konnte sofort zurückspringen und die nach dem Deck führende Treppe hinaufeilen. Der Maschinist stand aber hinter der Maschine und füllte den Schmierapparat. Er mußte, um die Treppe zu erreichen, durch das kochende Wasser und den Dampf um die Maschine herum.

Die zunächst in Cuxhaven durch die Dampfkesselrevisoren und nach der Rückkehr des Dampfers nach Hamburg durch das Seeamt vorgenommene Inspection ergab, daß aus dem mit zwei Feuerungen versehenen cylinderischen Röhrenkessel auf der Backbordseite aus der untersten Rohrreihe eines der s. g. Pauckschen Siederohre nach hinten zu (relativ zur Längsrichtung des Schiffes) aus seinen Dichtungsstellen in den Rohrwänden herausgeflogen war und hierbei mit seinem hinteren Ende die vor demselben befindliche Rauchkammerthür verbogen hatte, die Thüren selbst waren verschlossen und ist das siedende

Wasser aus dem Feuerloch herausgeströmt. Das Rohr füllte auf dieser Seite die Oeffnung in der hinteren Rohrwand nur theilweise aus und stand ungefähr 25 Centimeter mit seiner Mündung vor, während in der vorderen Rohrwand (im Innern der Feuerbüchse) die ganze Oeffnung frei geworden war. Das aus seiner ursprünglichen Lage herausgeschleuderte Rohr ließ durch Fettablagerung auf ungefähr 1/5 seines Umfanges deutlich erkennen, daß es bereits vor dem Unfall nicht allenthalben in der hinteren Rohrwand angelegen und demzufolge nicht dicht gewesen sei. Der große (vordere) Conus des herausgeflogenen Rohres war an dem schwächsten Ende 3,5 Millimeter im Durchmesser größer als der andere, und betrug die Druckdifferenz demzufolge 28 kg. Der große Conus war auf das Rohr weder aufgelöthet, noch geschweißt, sondern einfach aufgetrieben. Im Uebrigen zeigte sich Alles in gutem Zustande. Die weiteren Ermittelungen ergaben eine Länge des Maschinenraumes von 7,20 Meter und einen Raumgehalt für Maschine und Dampfkessel von 70,5 Kubikmeter oder 24,89 britischen Register-Tons. Die Hauptdimensionen des Kessels selbst waren: der innere Durchmesser 2,100 Meter, der äußere Durchmesser der beiden Feuerbüchsen 0,720 Meter, die äußere Länge des Kessels 2,700 Meter, die Zahl der Feuerröhren 83, hiervon 70 Stück je 3 1/4 Zoll engl. (82,6 Millimeter) äußerer Durchmesser, 3,4 Millimeter Wandstärke, 13 Stück Ankerröhren von 3 1/2 Zoll engl. (89 Millimeter) äußerem Durchmesser, 8 Millimeter Wandstärke, Blechstärke des Mantels 18 Millimeter, der Feuerbüchsen 11 Millimeter, der Rohrwände 18 Millimeter, der hinteren Wand der Feuerbüchsen 13 Millimeter, des hinteren Kesselbodens 15 Millimeter. Die vordere Rohrwand und der hintere Kesselboden (Rückwand) werden oberhalb des Rohrsystems durch 9 Rundanker von 50 Millimeter Durchmesser, mit Gewinde von 2 1/4 Zoll engl. versehen, zusammengehalten, und die Verankerung der eigentlichen Rohrwände erfolgt durch die oben angegebenen 13 Ankerröhren. Die Rückwand der Feuerbüchse ist mit dem hinteren Kesselboden durch 64 Stehbolzen von 30 Millimeter Diameter und durch 4 Blechanker versteift. Bei der amtlichen Wasserdruckprobe hatte der Kessel des „Max" unter 12 Atmosphären Druck in dieser Construction sich als vollständig fest gezeigt und ist derselbe auch bei der Inbetriebnahme seitens der Hamburger Dampfkesselrevision unbeanstandet geblieben.

Im Mai 1885 waren einige Reparaturen an dem Kessel vorgenommen, außerdem aber auch die Feuerung verändert, welche nach der Mittheilung der Dampfkesselrevisoren in der Vergrößerung der ursprünglich angegebenen Rostfläche in beiden Feuerrohren von zusammen 0,665 □-Meter in einem Verhältniß von 12 zu 19 gegen früher bestand. Diese Reparaturen waren auf die Mittheilung des früheren Maschinisten, des Vorgängers von Werneburg, hin erfolgt, weil der Kessel nicht genügend Dampf halten wollte.

Das System der Pauckschen Siederohre, welches bei dem in Rede stehenden Kessel angewandt worden, war bei einem ähnlichen Unfall auf einem anderen Schiffe von anderer Seite als ein gefahrvolles System bezeichnet worden*), bei dessen Benutzung die Anwendung besonderer Schutzmaßregeln empfohlen wurde. Das Seeamt nahm hieraus Veranlassung, seinerseits eine eingehende Prüfung auch dieser Frage mit der Beurtheilung des vorliegenden Unfalls zu verbinden, und zwar zunächst durch Ermittelung praktischer Resultate, welche mit jenem System erzielt worden, sowie durch Begutachtung jenes Systems seitens competenter Sachverständiger. In ersterer Beziehung gelangten Mittheilungen verschiedener größerer Dampfschiffs-Rhedereien zu den Akten, eine Mittheilung der Schiffswerft von Georg Howaldt in Kiel, eine Mittheilung des leitenden Ingenieurs des Baggereibetriebes des hamburgischen Staates, sowie eine Mittheilung des Classifications-Instituts Büreau Veritas über die beobachteten Resultate jener Construction. Uebereinstimmend ergaben jene Berichte, daß überall, wo jenes System zur Anwendung gekommen, dasselbe zu keinerlei Ausstellungen irgend welcher Art Anlaß gegeben habe. Howaldt bezeichnet es sogar als erheblichen Rückschritt, wenn auf das alte System der Rohrdichtung zurückgegangen würde. Während mit dem alten System der Rohrdichtung der Uebelstand verbunden ist, daß man die Rohre nicht aus dem Kessel entfernen kann, ohne dieselben zu zerschlagen oder die Rohrlöcher in den Rohrböden zu beschädigen, besteht die Construction der Pauckschen Rohre darin, daß auf jedem Rohrende ein schlanker Conus von ungefähr 40 Millimeter Länge aufgeschweißt beziehungsweise aufgelöthet ist, wodurch dasselbe mit Leichtigkeit aus den beiden Rohrwänden herausgezogen werden kann. Die beiden Conusse sind so zu construiren, daß der große Durchmesser des kleinen Conus nicht kleiner ist, als der kleinste Durchmesser des großen Conus und so die Druckdifferenz auf die beiden Conusflächen fast gleich Null ist. Das Einziehen der Rohre geschieht, soweit sich

*) Sprüche des Seeamts zu Flensburg vom 10. März und 15. September 1885, sowie Entscheidungen des Ober-Seeamts vom 15. Juli und 22. December 1885, veröffentlicht im 4. Heft des VI. Bandes der Entscheidungen des Ober-Seeamts und der Seeämter Seite 480 u. ff.

dieselben nicht in die Rohrlöcher einfach hineinschieben lassen, mittelst Ansetzen eines hierzu besonders construirten Einziehapparats. Ist das Rohr fertig eingezogen, so halten die sehr schlanken Conusse bereits vollständig dicht, und wird nur noch der schwächere Conus durch einen Rohrwalzapparat etwas aufgewalzt, wodurch auf alle Fälle verhindert wird, daß das Rohr ohne Anwendung größerer Gewalt aus dem Kessel entfernt werden kann. Das Herausziehen des Rohres kann nur unter Anwendung des Rohreinziehapparats geschehen, indem man denselben umgekehrt wie bei dem Einziehen ansetzt und die zu diesem Apparat gehörige Rohrstange durch leichte Schläge unterstützt. Auf diese Weise wird das durch das Aufwalzen etwas aufgeweitete Rohrende wieder zusammengezogen und dasselbe ohne Schaden für das Rohr oder die Rohrwand durch das Rohrloch zurückgepreßt. Bei der schwachen Conicität der Dichtungsringe hat der Dampf kaum einen Ueberdruck auf der einen Seite des Rohres, da die im Innern des Kessels liegenden Ringflächen der Dichtungsringe einander fast ganz gleich sind.

Nach dem dem Seeamt vorgelegten Baucontrakt war der Kessel des „Max" mit Pauckschen Siederohren zu construiren. Die von den Erbauern des „Max" angewandte Construction jener Siederohre weicht von der vorhin beschriebenen dadurch ab, daß während die Conusse bei der Pauckschen Construction an beiden Rohrenden festsitzen, diese bei der Sachsenbergschen Construction an einem Ende durch Auflöthen befestigt, an dem anderen dagegen nur aufgeschoben sind, indem die Erbauer von der Ansicht ausgehen, daß es sehr schwierig sei, in zwei gegenüberliegenden Kessel- beziehungsweise Rohrwänden die Rohre mit festen Conussen in die conisch ausgefräßten Löcher so genau einzupassen, daß sie beiderseitig überall sicher anliegen und dicht halten, vielmehr eine sichere Befestigung und ein möglichst dichter Schluß viel leichter gelinge, wenn jeder Conus für sich in die betreffende Oeffnung eingetrieben würde. Im Uebrigen wird zum Einziehen und Ausnehmen ein ganz ähnlicher Apparat wie bei den Pauckschen Rohren benutzt, so daß das System der von Gebrüder Sachsenberg angewandten Rohrdichtung an sich mit dem des Pauckschen übereinstimmt.

Ein Herausfliegen solcher conisch eingesetzten Siederohre erfolgt bei beiden Constructionsarten nicht plötzlich, sondern erst nach einer vorangegangenen Lockerung derselben, welche sich durch ein Lockern an den Verbindungsstellen bezw. an den Rohrsitzen kennzeichnet. Die Dichtung kann sich aber lösen infolge zu schneller Abkühlung der

Rohre durch Offenlassen des Schornsteinschiebers, während der Kessel außer Betrieb ist. Sie kann sich auch lösen infolge zu schneller Abkühlung des Kessels bei dem Reinigen desselben, oder auch wegen Wassermangels und dadurch erfolgenden Glühendwerdens der Rohre. Wenn ein solcher Kessel aber sorgfältig überwacht wird und im Falle einer derartigen Leckage abgelassen und die Nachziehung der Rohre in geeigneter Weise vorgenommen wird, so ist ein Herausfliegen derselben nicht möglich.

Die von dem Seeamt für die Verhandlung des Falles zugezogenen Sachverständigen, Kesselrevisor Lange und Maschineninspector Stämmel, haben ihrerseits die Erklärung abgegeben, daß das s. g. Paucksche Röhrensystem, als welches auch das von Gebrüder Sachsenberg bei dem Kessel des „Max" angewandte gelten muß, bei ordnungsmäßiger Ausführung völlig gefahrlos ist und die Anwendung besonderer Schutzvorrichtungen nicht erheischt.

Nach Ansicht des Sachverständigen Lange, welcher schon in Cuxhaven die erste amtliche Inspection des Kessels vorgenommen hat, ist der Kessel des „Max" stets gut gehalten worden und haben auch die an dem Kessel vorgenommenen Veränderungen, wie die Vergrößerung der Rostfläche, nicht zur Herbeiführung jenes Unfalls beigetragen.

Gestützt auf diese gutachtlichen Aeußerungen ist auch das Seeamt der Ansicht, daß der Unfall nicht durch einen Mangel, welcher in dem bei jenem Kessel zur Anwendung gebrachten System oder dessen Ausführung liegt, herbeigeführt worden ist, sondern daß die Ursache jenes Unfalls lediglich in der Handlungsweise des Maschinisten zu suchen sei. Welcher Art aber der Fehler oder die Vernachlässigung gewesen, durch welche das Leckwerden jenes Rohres entstanden ist, hat sich, da die beiden in dem Maschinenraum beschäftigt gewesenen Personen, ohne vernommen worden zu sein, verstorben sind, nicht feststellen lassen. Es steht nur fest, daß das Leckwerden jenes Siederohres dem Maschinisten schon am Abend vor der Katastrophe, als man bei Brunsbüttel zu Anker ging, bekannt war und daß dies auch dem Schiffer gemeldet worden, zugleich mit der weiteren Mittheilung, daß jener Leck in Cuxhaven leicht zu repariren sei. Daß letzterer seinerseits nicht auf die sofortige Dichtung des Lecks gedrungen und die Weiterfahrt bis dahin unterbrochen habe, kann demselben nicht zum Vorwurf gereichen, da der Schiffer für die jenem Maschinisten selbständig zugewiesene Behandlung der Maschine und des Kessels nicht aufzukommen hat. Maschinist Werneburg besaß nach Aussage des Rheders ein Maschinistenpatent zweiter Classe und war auf dieses hin von dem Rheder mit dem Maschinendienst auf dem „Max“ betraut worden.

Eine andere Frage ist freilich die, ob Maschinist Werneburg mit der Construction solcher Pauckschen Rohre und deren Behandlung genügend bekannt war. Die Beweisaufnahme hat auch hierüber nichts Genaueres festzustellen vermocht. Hat Werneburg jenes System gekannt und hat dennoch die Maschine in Gang gesetzt, so wäre es seinerseits eine unverantwortliche Nachlässigkeit, die Dichtung des Leckes, welche in so einfacher Weise hergestellt werden kann, unterlassen zu haben. Hat er jenes System nicht gekannt, so würde dies freilich sein Verschulden mildern; es schließt dies indeß immerhin nicht aus, daß Werneburg jenes in der Praxis so vielfach vorkommende System hätte kennen sollen, da von ihm als Maschinist zweiter Classe schon eine größere Kenntniß im Maschinenfach erwartet werden durfte. Der Sachverständige Stammel hat als Mitglied der Prüfungscommission für Maschinisten dem Seeamt mitgetheilt, daß, wenn man auch nicht von jedem Prüfling im Maschinenfach die obligatorische Kenntniß dieses Röhrensystems verlangen könne, in Hamburg bei den Prüfungen vielfach dieses System behandelt würde.

Auch das Seeamt will seinerseits nicht unterlassen, auf die Wichtigkeit der Kenntniß jenes Systems aufmerksam zu machen, welches selbst auf kleineren Dampfschiffen, wie Schleppdampfschiffen, häufig Anwendung findet. Gerade die Vorzüge der schnellen und einfachen Herausnahme der Rohre zum Reinigen empfiehlt dies System vornehmlich auch für kleinere Schiffe, mithin erscheint auch die Kenntniß der Construction dieser Siederohre für Maschinisten solcher kleineren Schiffe wünschenswerth.

## 87. Spruch des Seeamts zu Flensburg vom 30. December 1885, betreffend den Seeunfall des Schraubendampfers „Avance“ von Flensburg.

Der Spruch des Seeamts lautet:

1. Der Seeunfall ist durch eine außergewöhnlich große Veränderung in der Deviation des Compasses herbeigeführt;
2. zu dem Unfall hat mitgewirkt der Umstand, daß das Schiff mit mangelhaft ausgeführten Compassen ausgerüstet war;

3. zu dem Unfall hat ferner besonders beigetragen die mangelhafte Aufstellung des Navigirungscompasses unmittelbar auf dem eisernen Kartenhause.

Gründe. Der eiserne Schraubendampfer „Avance", Unterscheidungssignal LMBV, vermessen zu einem Netto-Raumgehalt von 746,1 cbm = 263,36 britischen Register-Tons, ist auf der Werft des Schiffsbaumeisters George Howaldt in Diederichsdorf bei Kiel erbaut. Er wurde, nachdem er Ende März 1884 fertig gestellt war, am 1. April 1884 von seinem Führer, dem Schiffer Arnold Julius Friedrich Tychsen aus Flensburg, übernommen. Bei der Uebernahme des Schiffes befanden sich zwei Compasse, welche der Erbauer von der Firma W. Campbell & Co. Nachf. in Hamburg bezogen hatte, an Bord.

Das Schiff hat in der Mitte einen Ueberbau, dessen vorderer Theil das Cajütenhaus bildet, während der hintere Theil den Maschinenraum umschließt. Die Decke des Cajütenhauses ist wie alles andere zum Ueberbau gehörige von Eisen. Auf dem Cajütendeck steht ein eisernes 1,85 m hohes und 1,75 m langes Kartenhaus; dessen Deck erstreckt sich in einer Länge von 1,85 m nach vorne bis an das Ende des Ueberbaues. Der eine der beiden Compasse, der Steuercompaß, steht unter dem verlängerten Deck des Kartenhauses unmittelbar vor dem Steuerruder auf dem eisernen Deck des Cajütenhauses.

Der andere Compaß, der Navigirungscompaß, steht vorn auf dem verlängerten Deck des Kartenhauses, 1,85 m von dessen vorderen Schott und 4,2 m von dem dahinter stehenden Schornstein entfernt.

Bevor das Schiff in Fahrt gesetzt wurde, sind die Compasse von dem Marinebeamten Sohnke in Kiel regulirt worden. Derselbe fand, als er an die Deviationsbestimmung ging, bei nördlichem magnetischen Curse fast 16 Strich Deviation, so daß die Magnetnadel, anstatt nach Norden zu zeigen, ungefähr nach Süden zeigte. Nachdem er durch Einlegen von Magneten die Compasse thunlichst compensirt hatte, zeigte bei dem Curse SzW der Navigirungscompaß eine westliche Deviation von 1/2 Strich, der Steuercompaß eine solche von 3/4 Strich. Hiernach wurde von ihm die Deviationstabelle angefertigt und dem Schiffer übergeben.

Die beiden Compasse waren von ziemlich gleicher Beschaffenheit, der Navigirungscompaß hatte Diopter, der Steuercompaß dagegen nicht.

Am Morgen des 16. Mai 1884 verließ die „Avance" den Hafen von Grangemouth um nach Flensburg zu fahren. Sie war mit 5 Tons Pickeisen, feuerfesten Mauersteinen, Cement, feuerfestem Lehm und Steinkohlen beladen. Das Pickeisen lag unter der Vorderluke an der Steuerbordseite. Der Tiefgang des Schiffes war vorn 12,2 und hinten 12,8 englische Fuß.

Mit dem Generalcurse OzS langte man am 18. Mai Abends 8 Uhr beim Feuerschiff von Skagen an. Nachdem man dieses in geringem Abstande passirt hatte, peilte man um 10 Uhr Abends Hirtsholm-Feuer in WSW½W mißweisend in einem geschätzten Abstande von 7½ Seemeilen. Als man, von nun an einstweilen nach Peilungen steuernd, um 10 Uhr 50 Minuten Hirtsholm-Feuer im Westen und gleichzeitig das Feuer von Nord-Rönner im Süden in einem geschätzten Abstande von 10 Seemeilen peilte, glaubte man eine nach Osten setzende Strömung zu bemerken. Man änderte deshalb den Curs nach West so lange, bis man das Feuer von Hirtsholm in N¾O hatte. Von 12 Uhr an wurde S¾W gesteuert, das Hirtsholm-Feuer achteraus in Nord behaltend. Um diese Zeit wurde Nord-Rönner-Feuer wieder gepeilt und zwar in SO½O. Die Luft war damals diesig bei leichtem westlichen Winde. Um 12 Uhr 40 Minuten verschwand Hirtsholm-Feuer im Norden und gleichzeitig wurde das Feuer von Nord-Rönner in O¾S gepeilt. Der Curs S¾W wurde einstweilen beibehalten. Als indeß gegen 1 Uhr Morgens das Feuerschiff von Laesö-Rinne nicht in Sicht kommen wollte, ließ der Schiffer die Maschine stoppen und lothen. Man fand nur 13 Fuß Wasser. Die Maschine wurde nun sofort auf volle Kraft rückwärts gestellt. Das Schiff stieß beim Rückwärtsgehen auf den Grund, wurde von einer Strömung, die nach SW setzte, erfaßt und gerieth dann, OSO anliegend, vollständig fest. Kurze Zeit darauf klarte es etwas auf und nunmehr wurde man gewahr, daß man das Feuerschiff von Laesö-Rinne in SW hatte und auf der Ostseite des Nordwest-Riffs von Laesö stand, an einer Stelle, wo die Seekarten 3 bis 3,8 m Wasser zeigen. Das Schiff war über 3 Seemeilen weiter nach Osten gekommen, als es nach dem innegehaltenem Curse kommen durfte. Weil der Steuercompaß sich als gänzlich unbrauchbar erwiesen hatte, waren die Curse auf der letzten Fahrt lediglich nach dem Navigirungscompaß genommen.

Versuche, das Schiff mit Hülfe eines ausgebrachten Warpankers flott zu machen, mißlangen. Es wurde deshalb die angebotene Hülfe, eines um 10 Uhr 30 Minuten Morgens von Friedrichshafen eingetroffenen Bergungsdampfers angenommen. Dieser brachte, nachdem er von der Ladung 50 bis 60 Tons übergenommen hatte, das Schiff um 10 Uhr Abends für einen Bergelohn von 18000 Kronen ab. Bis 4 Uhr Morgens ging die „Avance" in der Nähe der Unfallsstelle in tiefem Wasser zu Anker und nahm während dieser Zeit einen

Theil der ausgelöschten Kohlen wieder über. Dann fuhr man nach Friedrichshafen. Hier wurde in niedrigem Wasser das Schiff von einem Taucher untersucht. Derselbe erklärte, daß das Schiff, soweit ersichtlich, keinen Schaden genommen habe. Um 2 Uhr Nachmittags verließ man Friedrichshafen und fuhr dann, während man den Rest der Ladung von einem Leichter einnahm, mit dem Curse SzW der Laesö-Rinne zu. Um 4 Uhr peilte man die Boje des Nordwest-Riffs von Laesö nach dem Navigirungscompaß in O½S in einem geschätzten Abstande von 1 Seemeile. Gleichzeitig fand man, daß nach diesem Compaß das Feuerschiff von Laesö-Rinne in SW½W peilte, während man es nach der Karte in SSW haben sollte, daß also der Navigirungscompaß bei dem Curse SzW eine westliche Deviation von 2½ Strich hatte, obwohl die Deviationstabelle nur ½ Strich angab.

Am folgenden Tage Morgens 9 Uhr langte das Schiff ohne weiteren Unfall in Flensburg an. Nachdem es hier gelöscht, ging es nach Kiel ins Dock. Als das Schiff gedockt hatte und seine Fahrten wieder aufnehmen sollte, sind die Compasse wieder von dem Marine-beamten Sohnke untersucht und die Deviationen festgestellt. Mittler-weile hatte der Schiffer den Steuercompaß, weil nach den von ihm gemachten Erfahrungen unbrauchbar, zurückgegeben und denselben durch einen von ihm selbst angeschafften ersetzt. Sohnke fand am 28. Mai 1884, als er die Deviation beobachtete, daß vor Verlegung der Magnete bei Nordcurs der Navigirungscompaß eine Deviation von 1¼ Strich östlich hatte.

Am 23. December 1884 sind, während das Schiff im Flensburger Hafen lag, von dem Seeamt die an Bord befindlichen Compasse einer Besichtigung unterzogen. Es zeigten sich hierbei an dem Kartenhaus-compaß, nach welchem man vor dem Unfall navigirte, folgende Mängel:

1. Unter der Pinne fehlte die Spiralfeder, welche dazu dient, die Erschütterung der Schraube und der See vermindert auf die Rose zu übertragen.

2. Die cardenische Aufhängung des Compasses functionirte nicht, auch hatten die Achsen derselben zu viel Spielraum.

3. Die Diopter waren excentrisch, d. h. ihr Drehpunkt befand sich nicht in der Mitte der Theilung.

4. Der Kessel sowie die übrigen Theile des Compasses waren zu leicht.

An dem Steuercompaß, welchen der Schiffer nach dem Unfall anstatt des ihm bei der Uebernahme des Schiffes gelieferten angeschafft hatte, waren Mängel nicht wahrnehmbar. Der Schiffer hatte vor Uebernahme der „Avance" mit eisernen Dampfschiffen nicht gefahren. Darauf hingewiesen, daß er so schlecht functionirende Compasse nicht habe annehmen dürfen, hat er sich darauf berufen, daß er seither keine Gelegenheit gehabt habe, die Wirkung des eisernen Schiffsbaues auf den Compaß kennen zu lernen und geglaubt habe, daß er sich auf den regulirenden Beamten in dieser Beziehung verlassen dürfe. Er hat ein von der Kaiserlichen Seewarte ausgestelltes Attest nicht gefordert und nicht erhalten.

---

In wie weit der Strom dabei mitgewirkt hat, das Schiff soweit, wie geschehen, nach Osten zu versetzen, läßt sich nicht ermitteln. Dagegen ist es außer Zweifel, daß die Strandung nicht hätte geschehen können, wenn nicht eine ganz abnorme Deviation des auf dem Kartenhause stehenden Navigirungscompasses das Schiff auf einen andern Curs gebracht hätte, als man fahren wollte. Das Feuer von Hirtsholm gerade achteraus und S³/₄W steuernd, hätte das Schiff immer in reinem Fahrwasser bleiben müssen und nicht auf das Riff kommen können.

Eine Deviation von 2½ Strich westlich, wie sie der Schiffer bei der Peilung der Boje von Nordwest-Riff gefunden haben will, mag vielleicht etwas übertrieben sein. Daß indeß die Deviation immerhin eine ziemlich bedeutende gewesen ist, stimmt nicht allein mit den Beobachtungen des Schiffers überein, sondern findet auch darin Bestätigung, daß verschiedene Umstände vorliegen, welche sie erklärlich erscheinen lassen. Zu diesen Umständen gehört allerdings nicht der, daß man Pickeisen geladen hatte, denn dies lag, weil vorn im Schiffe verstaut, in zu großer Entfernung vom Compaß, um ihn beeinflußen zu können.

Dagegen sind als solche folgende hervorzuheben:

1. Wie die Instruktion der Kaiserlichen Seewarte über die Behandlung der Compasse an Bord eiserner Schiffe richtig bemerkt, gestaltet sich die Deviation auch bei unveränderter Breite des Schiffsortes durch die Wirkung des remanenten Magnetismus verschieden, je nach dem Curse, den das Schiff steuerte, ehe es den betreffenden Ort erreichte. Daraus ergiebt sich als Regel, daß man an demselben Orte und auf demselben Curse eine verschiedene Deviation findet, je nach dem Curse,

den das Schiff in der letzten Zeit gesteuert hat. Denkt man sich in die Mitte der Compaßrose und liegt dann der vorhergesteuerte Curs links von dem jetzt gesteuerten, so wird erfahrungsmäßig die Deviation eine mehr nach Westen gehende. In dieser Lage befand sich der Dampfer „Avance". Sein Generalcurs von Grangemouth nach Skagen war rund gerechnet O3S, von Skagen an S¾W; somit lag der erstgesteuerte Curs links von dem zuletzt gesteuerten und es mußte sich danach eine größere westliche Ablenkung einstellen, als die Deviationstabelle angab.

2. Als nach dem Docken des Schiffes von Sohnke die Deviation der Compasse beobachtet wurde, ergab sich vor Verlegung der Magnete bei nördlichem Curse eine Deviation von 1¼ Strich nach Osten; dieser entspricht eine gleiche Deviation nach Westen bei südlichem Curse, wie er von der „Avance" gesteuert wurde.

3. Die nach Peilung des Hirtsholm-Feuers in West beobachtete östliche Strömung erklärt sich aus der veränderten Deviation nach Westen; was man als Ursache der Strömung ansah, war thatsächlich Ursache der Deviationsveränderung.

4. Die an dem Navigirungscompaß constatirten Mängel machten denselben unzuverlässig und verhinderten eine genaue Observation der gefahrenen Curse. Sie haben deshalb offenbar mit dazu beigetragen, daß nicht so genau, wie es hätte geschehen müssen, nach dem gegebenen Curse gesteuert wurde und somit die Wirkung der veränderten Deviation noch vermehren können.

5. Der Compaß war so ungeeignet aufgestellt, wie nur möglich, und dadurch wurde die Größe der veränderlichen Deviation erheblich vermehrt. Es ist dies schon daraus ersichtlich, daß er vor der Compensation am 1. April 1884 bei Nordcurs fast 16 Strich Deviation zeigte. Dies konnte seinen Grund nur darin haben, daß er auf dem verlängerten Deck des eisernen Kartenhauses stand und in einer Entfernung von kaum zwei Metern vor dessen vorderen eisernen Wand, wodurch er vollständig in den Bereich des Süd-Magnetismus der oberen Theile des Hauses gebracht wurde. Hierbei muß hervorgehoben werden, daß der Navigirungscompaß auf einer Stelle, wo er ungefähr 16 Strich Deviation zeigt, überall nicht stehen darf und daß es gänzlich unzulässig erscheint, solche große Beträge zu compensiren. Der Schiffer wird bei solcher Aufstellung des Compasses niemals im Stande sein, den Verlauf der Deviations-

veränderungen, die hier sehr rasch und abnorm auftreten müssen, zu kontroliren und bei anhaltend trübem Wetter, wie dieses im Winter namentlich nur zu häufig vorkommt, sich stets einer Katastrophe ausgesetzt sehen.

Es sollten sich deshalb die Erbauer eiserner Schiffe angelegen sein lassen, schon von vorn herein darauf Bedacht zu nehmen, größere Eisenmassen, besonders senkrecht stehende, aus dem Bereich des Compasses so fern zu halten, daß sie keinen zu großen Einfluß auf den Compaß haben können.

Auf der „Avance" gab es allerdings keinen besseren Platz für den Navigirungscompaß, als auf dem verlängerten Deck des Cajütenhauses, weil er daselbst dem wachthabenden Offizier immer am bequemsten zugänglich ist. Es hätte hier aber anstatt eines eisernen Kartenhauses ein solches von Holz gebaut werden müssen, und daß dies nicht geschehen, ist als ein Mangel in der Bauart des Schiffes zu kennzeichnen.

Ein Pfahlcompaß anstatt des Navigirungscompasses in einem geeigneten Abstande vom eisernen Kartenhause erscheint schon weniger bedenklich. Der Pfahlcompaß kann indeß den Navigirungscompaß nicht ersetzen. Er ist nur ein Nothbehelf, wenn etwa beim Bau des Schiffes auf die Aufstellung des Compasses keine genügende Rücksicht genommen ist; denn die Navigirung mit dem Pfahlcompaß bleibt immer schwierig, nicht allein durch den großen Abstand des Beobachters, der das Ablesen erschwert, sondern auch durch die beim Schlingern des Schiffes unausbleibliche größere Unruhe der Rose. Angesichts der vorstehenden Ausführungen war auszusprechen, daß der Unfall durch eine außergewöhnliche Veränderung der Deviation des Compasses herbeigeführt wurde und daß dabei sowohl die mangelhafte Ausführung der Compasse wie die ungeeignete Aufstellung des Navigirungs-Compasses mitgewirkt haben.

## 88. Spruch des Seeamts zu Brake vom 9. October 1885 und Entscheidung des Kaiserlichen Ober-Seeamts vom 11. Januar 1886, betreffend den Seeunfall der Schoonerbrigg „Hebe" von Brake.

Der Spruch des Seeamts lautet:

Die Strandung der Schoonerbrigg „Hebe" an der Nordküste der Insel Buen Ayre (im Caraibischen Meer) ist verursacht durch die westlich setzende Strömung und die Dunkelheit der Nacht. Den Schiffer Frage trifft ein Verschulden an dem Unfall nicht; indessen hätte er vorsichtiger gehandelt, die Möglichkeit der Stromversetzung bei Bestimmung des Curses in Rechnung zu ziehen.

Der Steuermann Baumeister hat es auf seiner Wache an Achtsamkeit erheblich fehlen lassen; es kann indessen nicht festgestellt werden, daß die Strandung eine Folge dieser Unachtsamkeit gewesen ist, und ist ihm deshalb seine Gewerbebefugniß zu belassen.

Gründe. Die Schoonerbrigg „Hebe", Unterscheidungssignal NFMQ, Heimathshafen Brake, vermessen zu 655,9 cbm oder 231,53 britischen Register-Tons Netto-Raumgehalt, geführt von dem Schiffer Johann Frage in Elsfleth, ist in der Nacht vom 17./18. Juni 1885 an der Nordostküste der Insel Buen Ayre gestrandet und völlig verloren.

Die seeamtliche Untersuchung hat in thatsächlicher Beziehung zunächst Folgendes ergeben:

Das Schiff befand sich auf der Reise von Hamburg nach Curacao und war mit Stückgütern beladen. Bis zum 17. Juni war die Reise gut verlaufen; am Mittag dieses Tages befand es sich nach dem astronomischen Besteck auf 66° 57′ westlicher Länge und 12° 58′ nördlicher Breite. Von da wurde bis 8 Uhr Abends SWzW, von 8 Uhr an SW gesteuert. Kurz vor Mitternacht lief das Schiff auf Felsen und blieb sitzen; Brandung war erst unmittelbar vorher bemerkt worden. Die See war ungestüm und ging gleich über das Schiff hinweg; die Boote fertig zu machen, war unmöglich; die Besatzung rettete sich, ohne etwas bergen zu können, vom Schiffe auf die Felsen und von da auf die Insel, von wo sie am nächsten Tage nach Curacao fuhr. Das Schiff war in kurzer Zeit völlig zertrümmert.

Dieser Hergang wird durch die bei dem Cantonrichter in Curacao am 22. Juni von der gesammten Besatzung eidlich abgelegten Verklarung bekundet, und ist von dem in der Hauptverhandlung vor dem Seeamt vernommenen Schiffer Frage, welcher auf Beschluß des Seeamts nachträglich beeidigt ist, und von dem Steuermann Herm. Wilh. Baumeister aus Elsfleth bestätigt.

Nach den Aussagen dieser beiden Betheiligten ist ferner als bewiesen angenommen worden, daß das angegebene letzte Mittagsbesteck ein zuverlässiges gewesen, nachdem einige Tage vorher beim Passiren zwischen den Inseln Santa Lucia und St. Vincent der Fehler des Chronometers (derselbe ergab eine Differenz von 20 Minuten zu westlich) constatirt und von da an in Rechnung gezogen war, daß man von diesem Mittage an ONO bis Ost-Wind gehabt, das Schiff alle Segel geführt und eine Fahrt von ungefähr 5½ bis 6 Seemeilen die Stunde gemacht hat, daß, wie die Uebereinstimmung des genannten Mittagsbestecks mit der todten Rechnung ergeben, eine Stromversetzung im Caraibischen Meere bis zum letzten Mittage nicht stattgefunden und deshalb bei der vom Schiffer und Steuermann gemeinschaftlich geschehenen Bestimmung der Curse seit Mittag eine solche nicht berücksichtigt worden ist; ferner daß der Steuermann Baumeister nach Beendigung seiner Wache von 8 bis 12 Uhr 10 Minuten vor Mitternacht den Schiffer Frage geweckt, dann wieder an Deck gekommen ist, und daß das Schiff etwa 2 Minuten vor 12 Uhr gestoßen hat, als der Schiffer Frage, im Begriff an Deck zu kommen, noch in der Cajüte war.

Von der übrigen Besatzung hat zur Hauptverhandlung Niemand geladen werden können; es sind nur zwei Leute, der Zimmermann Majewsky und der Leichtmatrose Schröer auf Requisition des Seeamts beim Amtsgericht in Hamburg eidlich vernommen und deren Aussagen in der Hauptverhandlung verlesen. Aus diesen ist Folgendes hervorzuheben:

Der Zimmermann Majewsky (von der Steuerbordwache) bezeugt, daß der zur Backbordwache gehörige Koch Rosenplenter ihm erzählt habe, er habe von 10 bis 12 Uhr am Ruder gestanden und habe während dieser ganzen Zeit der Steuermann Baumeister geschlafen; derselbe sei kurz vor dem Aufstoßen aufgewacht und sei in die Cajüte gegangen; als er wieder an Deck gekommen, habe er schon die Brandung gesehen und das Ruder aufgedreht; derselbe Zeuge bekundet, daß in der fraglichen Nacht der Himmel bedeckt und es vollständig dunkel gewesen sei, so daß der Ausguck, wie er nachher erzählt, das Land nicht bemerkt habe.

Der Leichtmatrose Schröer (von der Backbordwache) hat ausgesagt: er sei von 9 bis 10 Uhr am Ruder, von 11 bis 12 Uhr auf dem Ausguck gewesen; während der Stunde von 9 bis 10 Uhr habe der Steuermann geschlafen, von 10 bis 11 Uhr habe er denselben nicht sehen können; von 11 bis 12 Uhr sei der Koch am Ruder gewesen und habe ihm später erzählt, daß auch während dieser Zeit der Steuermann geschlafen habe; er (der Zeuge) habe 10 Minuten vor 12 Uhr den Ausguck verlassen, um die Steuerbordwache zu wecken, ungefähr um dieselbe Zeit sei der Steuermann in die Cajüte gegangen; bis er (Zeuge) wieder an Deck gekommen (ungefähr 3 Minuten vor 12 Uhr) sei Niemand am Ausguck gewesen; dann habe er die Brandung gehört und unmittelbar darauf habe das Schiff aufgestoßen; es sei vollständig dunkel und der Himmel bedeckt gewesen.

Der Steuermann Baumeister hat diese Aussagen, soweit sie behaupten, daß er auf seiner Wache geschlafen habe, für völlig unwahr bezeichnet, und dabei angeführt, daß der Koch Rosenplenter, der die erste Reise zur See gemacht habe und vorher Handwerksbursche gewesen sei, weder als Koch noch sonst im Schiffsdienste seine Schuldigkeit gethan und deshalb mit ihm in schlechtem Verhältnisse gestanden habe; eine weitere Erklärung für dessen Erzählungen hat er nicht zu geben vermocht, auch keinerlei Umstände vorgebracht, welche die Glaubwürdigkeit der Zeugen Majewsky und Schröer herabzusetzen geeignet wären, vielmehr beide als tüchtige und zuverlässige Seeleute bezeichnet. Er hat endlich noch in Beziehung auf das Verlassen des Decks angegeben: als er 10 Minuten vor 12 Uhr in die Cajüte gegangen, habe er sich von dem Brennen der Laternen überzeugt und nach vorn ausgesehen, habe dabei auch noch den Ausguckmann vorne auf der Back bemerkt; nachdem er den Schiffer geweckt, sei er sogleich wieder an Deck gekommen und habe wieder ausgesehen, ohne von Brandung etwas wahrzunehmen.

Der Schiffer Frage hält ebenfalls die gegen den Steuermann vorgebrachten Beschuldigungen für unwahr, weil er diesen während eines ganzen Jahres ihres Zusammenseins stets zuverlässig im Dienst gefunden habe.

Von der Aussetzung der Verhandlung behufs Herbeischaffung des Zeugnisses des Rosenplenter hat das Seeamt abgesehen, weil eine Ermittelung des Aufenthalts desselben aussichtslos erschien.

Vom Reichscommissar ist beantragt, dem Steuermann Baumeister wegen der durch Schlafen während seiner Wache und mangelhafter Beaufsichtigung des Ausgucks bewiesenen erheblichen Nachlässigkeit, welcher die Strandung zuzuschreiben sei, die Befugniß zum Gewerbebetrieb zu entziehen.

Das Seeamt hat bei der Beurtheilung des im Vorstehenden dargelegten Ergebnisses der Verhandlung die eidlichen Aussagen des Schiffers Frage, da gegen dessen persönliche Glaubwürdigkeit keine Bedenken hervorgetreten sind, als richtig annehmen und danach, da das Schiffsjournal bei der Strandung verloren ist und deshalb eine Prüfung der Besteckrechnung und Curse nicht möglich ist, die allerdings auffallende Thatsache als festgestellt ansehen müssen, daß, nachdem in den vorhergehenden Tagen keine Strömung geherrscht hatte, am letzten Tage, ohne erhebliche Veränderung im Wind und Wetter von Mittags bis Mitternacht eine Stromversetzung von ungefähr 26 Seemeilen das Schiff an den Ort der Strandung gebracht hat. Gerade weil diese Thatsache sehr auffallend ist, kann dem Schiffer Frage ein Verschulden daraus nicht hergeleitet werden, daß er die Möglichkeit einer solchen Stromversetzung bei der Bestimmung der Curse außer Acht ließ. Die größere Vorsicht freilich, namentlich bei der Annäherung an das Land, würde geboten haben, sie vorzusehen, und da die Strömung in dieser Gegend stets nur in westlicher Richtung setzt, so mußte ein südlicherer Curs in den letzten Stunden vor Mitternacht, auch wenn das Besteck des Schiffers Frage richtig gewesen wäre, unbedenklich, und zugleich für den Fall einer Versetzung sicherer erscheinen; aller Voraussicht nach würde ein solcher Curs das Schiff von Buen Ayre frei, oder doch von Norden in den Gesichtskreis des auf der Südspitze befindlichen Leuchtfeuers geführt haben.

Der Stromversetzung ist es hiernach zuzuschreiben, daß das Schiff von dem angenommenen Curse erheblich ab- und der gefährlichen Küste der Insel nahe gebracht wurde. Aber es entsteht die weitere Frage, ob bei dieser Annäherung die Strandung unvermeidlich oder ob sie bei Anwendung der erforderlichen Vorsicht abzuwenden war, und hierbei kommt das Verhalten des Steuermanns Baumeister auf seiner Wache in Betracht.

Wie das Seeamt in Uebereinstimmung mit dem Reichscommissar annimmt, ist durch die vorliegenden Zeugenaussagen mit genügender Sicherheit festgestellt, daß der Steuermann Baumeister während seiner Wache den größeren Theil der Zeit, jedenfalls auch von 11 Uhr bis zu der Zeit, als er in die Cajüte sich begab, geschlafen hat. In Betreff der Zeit von 9 bis 10 Uhr ist es von einem völlig einwandfreien Zeugen (Schröer) aus eigener Wahrnehmung eidlich bezeugt; in Betreff der letzten Zeit ist es diesem und dem ebenfalls durchaus glaubwürdigen Zeugen Majewsky von dem am Ruder befindlich gewesenen Koch Rosenplenter erzählt worden. Zwar ist der letztere als eine nicht besonders zuverlässige Persönlichkeit geschildert, und eine Aussage desselben als Zeuge liegt nicht vor, sondern nur eine Erzählung an die vernommenen Zeugen; aber doch muß diese glaubhaft erscheinen, weil sie durch die aus eigener Wahrnehmung von dem Zeugen Schröer bezeugte Thatsache wahrscheinlich gemacht wird.

Es bedarf keiner Begründung, daß ein solches Verhalten des

Steuermanns Baumeister während seiner Wache eine schwere Verletzung seiner dienstlichen Pflichten bildet.

Auch darin ist das Seeamt mit den Ausführungen des Reichscommissars einverstanden, daß diese Pflichtverletzung eine um so schwerere ist, als der Steuermann Baumeister wußte, daß man sich dem Lande näherte und ihm die Möglichkeit der diesem Lande zu setzenden Strömung nach seinen eigenen Erfahrungen nicht fremd sein konnte. Das Seeamt erkennt ferner an, daß eine so unverantwortliche Unachtsamkeit wie die vorliegende allerdings das Vorhandensein der für den Dienst eines Steuermanns erforderlichen Eigenschaften erheblich in Frage stellen muß. Dagegen kann als genügend sicher nicht festgestellt werden, daß die Strandung durch die Unachtsamkeit des Steuermanns Baumeister herbeigeführt ist.

Von allen Seiten ist übereinstimmend bezeugt und deshalb einem Zweifel nicht unterworfen, daß in der fraglichen Nacht bei bedecktem Himmel die Dunkelheit eine vollständige gewesen ist. Es kann danach nicht als wahrscheinlich angenommen werden, daß die Brandung vom Steuermann Baumeister in der Zeit, während welcher er geschlafen hat, auch bei aufmerksamer Dienstführung bemerkt worden wäre, nämlich in der Zeit bis 10 Minuten vor 12 Uhr, als das Schiff sich über eine Seemeile weit vom Strande befand. In solcher Entfernung aber war in jener Nacht vermuthlich ein Erblicken auch einer erheblichen Brandung ebenso unmöglich, wie wegen der Richtung des vom Schiff nach dem Lande zu wehenden Windes ein Hören derselben. Bestätigt wird dies durch den bis zu dem genannten Zeitpunkt auf dem Ausguck befindlichen Leichtmatrosen Schröer, gegen dessen Aufmerksamkeit ein Bedenken nicht vorliegt, und welcher bis dahin nichts von Brandung bemerkt hat. Demnach fehlt es, soweit das Schlafen des Steuermanns Baumeister in Betracht kommt, an dem ursächlichen Zusammenhang mit dem Unfalle.

Es kommt dann endlich noch die Zeit, nachdem der Steuermann Baumeister in die Cajüte gegangen war, um den Schiffer zu wecken, bis zur Strandung in Frage. Hinsichtlich dieser Zeit ist vom Leichtmatrosen Schröer bezeugt, daß er etwa gleichzeitig mit dem Steuermann das Deck verlassen habe, und daß von da bis zur Strandung Niemand auf dem Ausguck gewesen sei.

Das Seeamt nimmt an, daß er das Deck nicht mit Willen oder auch nur mit Wissen des Steuermanns Baumeister verlassen hat. Als der letztere nun sogleich wieder an Deck zurückkam, will er nach seiner

Angabe selbst nach vorne ausgesehen haben, hat jedoch nicht bemerkt, daß der Ausguck unbesetzt war.

Er hat daher auch in dieser Zeit nicht die erforderliche Sorgfalt dem Ausguck zugewandt, und dem ist es allem Anscheine nach zuzuschreiben, daß er die Brandung nicht eher als unmittelbar vor dem Auflaufen des Schiffes bemerkt hat. Man darf dies annehmen, weil die Brandung bei ungestümer See nicht gering und daher immerhin trotz der Dunkelheit der Nacht auf einige Entfernung sichtbar gewesen sein wird. Auf welche Entfernung, und namentlich ob so weit, daß die Zeit genügt hätte, das Schiff an den Wind zu bringen, entzieht sich in Ermangelung weiterer Beweismittel ebenso der Beurtheilung, wie die fernere Frage, ob durch ein solches Manöver das Schiff von dem Lande und den davor liegenden Klippen freigeblieben wäre. Als möglich muß es immerhin angesehen werden, daß die Brandung wegen der Dunkelheit und der Richtung des Windes erst wahrnehmbar wurde, als es zur Abwendung des Unfalls zu spät war.

Aus diesen Gründen hat auch die Sorglosigkeit des Steuermanns Baumeister in Beziehung auf den Ausguck in den letzten 10 Minuten seiner Wache nicht als die Ursache des Unfalls festgestellt werden können. Uebrigens ist diese Sorglosigkeit in sehr viel milderer Weise zu beurtheilen, als die vorher bewiesene Pflichtverletzung, weil eine weniger scharfe Aufmerksamkeit gerade während des Wechselns der Wache eher entschuldbar erscheint.

Aus diesen Gründen war dem Steuermann Baumeister seine Gewerbebefugniß zu belassen.

---

Die Entscheidung des Ober-Seeamts lautet:

daß der Spruch des Großherzoglich oldenburgischen Seeamts vom 9. October 1885 zu bestätigen und die baaren Auslagen des Verfahrens außer Ansatz zu lassen.

Gründe. Das Seeamt nimmt als festgestellt an, daß der Steuermann auf seiner letzten Wache vor der Strandung geschlafen habe; dagegen hat es nicht für erwiesen erachtet, daß derselbe, selbst wenn er die ihm obliegende aufmerksame Beobachtung der Umgebungen des Schiffes damals nicht vernachlässigt hätte, im Stande gewesen sein würde, rechtzeitig die Brandung wahrzunehmen, in welcher die „Hebe“ verunglückt ist. Die Beschwerde behauptet, daß dies bei gehöriger Aufmerksamkeit möglich gewesen wäre, und folgert daraus, daß der Steuermann die Schuld an der Strandung trage.

Ob der Steuermann auf jener Wache geschlafen hat, ist aus den Ergebnissen der Beweisaufnahme erster Instanz nicht mit voller Sicherheit zu entnehmen. Aus eigener Wahrnehmung hat es bei derselben nur der Leichtmatrose Schröer behauptet; der Zimmermann Majewsky hat nur von dem Koch Rosenplenter erzählen hören, daß der Steuermann geschlafen habe. Der letztere bestreitet dies nachdrücklich; er greift die Glaubhaftigkeit des Leichtmatrosen und des Kochs an und legt die Verrichtungen einzeln dar, welche er während seiner Wache vorgenommen haben will. Sein Widerspruch gegen jene Beschuldigung kann deshalb um so weniger unbeachtet gelassen werden, als der eidlich vernommene Schiffer erklärt hat, er habe ein Jahr mit dem Steuermann zusammen gefahren und ihn immer zuverlässig befunden. Eine Aufklärung der vorhandenen Ungewißheit wäre nur von einer Confrontation des Steuermanns mit dem Leichtmatrosen und dem Koch zu erwarten, welche der Steuermann beantragt hat. Indessen ist hiervon Abstand zu nehmen gewesen, einmal, weil der gegenwärtige Aufenthalt des Kochs trotz sorgfältiger Erkundigungen unbekannt geblieben ist, sodann, weil mit dem Seeamt anzunehmen ist, daß ein ursachlicher Zusammenhang zwischen dem Schlafen auf Wache und der Strandung nicht nachweisbar sein würde.

Nach dem übereinstimmenden Zeugniß des Schiffers, des Zimmermanns, des Leichtmatrosen und des Schiffsjungen hat in der Nacht, in welcher die Strandung erfolgte, vollständige Finsterniß geherrscht; es kann deshalb nicht mit der Beschwerde angenommen werden, daß es möglich gewesen sei, von der „Hebe" aus die Brandung zu einer Zeit zu sehen, zu welcher sich die Strandung noch hätte vermeiden lassen. Aber auch das rechtzeitige Hören des Geräusches der Brandung muß als ausgeschlossen erscheinen. Der Seegang war in jener Nacht nicht von außergewöhnlicher Stärke, mithin auch die Brandung und ihre Einwirkung auf das Gehör keine übermäßige; der Wind wehte von der „Hebe" nach Buen Aire hin; er trug also den Schall der Brandung nicht dem Schiffe entgegen, sondern von ihm fort; dazu kommt, daß erfahrungsmäßig im Karaibischen Meere die Brandungen überhaupt nicht weithin vernehmbar sind. Unter diesen Umständen kann nicht behauptet werden, daß der Steuermann bei unausgesetzter Anwendung der erforderlichen Aufmerksamkeit die Brandung hätte wahrnehmen müssen, ehe die „Hebe" ihr so nahe kam, daß sie der Strandung nicht mehr zu entgehen vermochte; mithin ist die Auffassung des Seeamts gerechtfertigt, daß das Verhalten des Steuermanns den Seeunfall nicht herbeigeführt hat, und aus diesem Grunde kann es nicht für zulässig erachtet werden, ihm die Gewerbebefugniß zu entziehen.

Fehlerfrei ist gleichwohl die Führung des Steuermanns nicht gewesen, selbst wenn er auf seiner Wache nicht geschlafen haben sollte. Mit Recht wird ihm zum Vorwurf gemacht, daß er den auf Ausguck gestellten Mann nicht genügend beaufsichtigt hat, da derselbe Gelegenheit fand, sich unbefugt und unbemerkt von Deck zu entfernen, um den schlafenden Theil der Mannschaft zu wecken. Auffallenderweise ergiebt die Beweisaufnahme auch dafür nicht das entfernteste Anzeichen, daß der Steuermann, wie es seine Pflicht war, die Thätigkeit des Mannes am Ruder geleitet und überwacht habe. Aber die Versäumniß, welche hierin zu finden ist, hat in keiner Weise die Strandung veranlaßt und wird überdies von der Nachlässigkeit überwogen, welche dem Schiffer zur Last fällt. Er wußte, daß die „Hebe" im Laufe der Nacht, in welcher die Strandung erfolgte, auf ihrem Curse in die Nähe von Buen Aire gelangen mußte, daß der Wind das Schiff der Insel entgegentrieb, und daß dasselbe durch die Passatströmung ebenfalls in dieser Richtung geführt wurde; er mußte wissen, welche Gefahr dem Schiffe drohte, wenn dasselbe in der Dunkelheit dem Lande zu nahe kam. Er hätte daher, wenn er unter solchen Umständen die Fahrt in der Finsterniß fortsetzen wollte, so lange an Deck bleiben sollen, bis Buen Aire passirt war. Statt dessen hat er sich sorglos zu Bett begeben und hierdurch sicher dazu beigetragen, daß der Steuermann sich einer gleichen Sorglosigkeit überließ.

Die baaren Auslagen des Verfahrens bleiben außer Ansatz, weil die Beschwerde vom Reichscommissar eingelegt ist.

## 89. Spruch des Seeamts zu Emden vom 16. Januar 1886, betreffend den Seeunfall des Schooners „Leonore" von Leer.

Der Spruch des Seeamts lautet:

Die Ursache des auf der letzten Reise der „Leonore" eingetretenen Leckes ist zwar mit Sicherheit nicht festzustellen gewesen, anscheinend jedoch in dem mangelhaften Unterhalte des Schiffes während der letzten 4 Jahre zu suchen.

Gründe. 1. Der zu Leer heimathlich gewesene Schooner „Leonore", Unterscheidungssignal KFVD, erbaut zu Emden in den

Jahren 1874/75, vermessen zu einem Netto-Raumgehalt von 359 cbm gleich 126,71 britischen Register-Tons und einer Rhederei gehörig, bei welcher der Schiffsführer nicht betheiligt war, ist am 6. Juli 1885 wegen schweren Lecks Bahia als Nothhafen angelaufen und dort verkauft worden.

2. Die „Leonore" war zunächst im Jahre 1875 beim Germanischen Lloyd classificirt und erhielt Classe A. 1. auf 12 Jahre mit der Bestimmung, daß sie zur Erhaltung der Classe alle 2 Jahre einer Revision zu unterziehen sei. Derartige Revisionen haben denn auch sowohl im November 1878, als auch im December 1881 stattgehabt, und erhielt die „Leonore" im Jahre 1881 noch ferner Classe 3/3 A. 1. 1. mit Stern beim Büreau Veritas mit gleicher Bestimmung wegen der Revisionen; indessen ist seit jener Zeit eine Revision überhaupt nicht anders wieder vorgenommen, als daß am 9. März 1885 zu Rio Grande do Sul das Kupfer der „Leonore" von einem englischen und einem deutschen Schiffscapitän nachgesehen wurde. Letztere haben damals das Kupfer zwar für gut erklärt, indessen ist bei jener Untersuchung die „Leonore" nicht trocken gelegt, sondern nur gekrängt worden und die vorgenommene Untersuchung also auch nur eine theilweise gewesen.

3. Nach ihrer Classificirung beim Büreau Veritas ging die „Leonore" im December 1881 zunächst mit einer Ladung Eisenbahnschienen von Leer nach Rio Grande do Sul aus, war aber nach den Aussagen der vernommenen Zeugen auf dieser Reise überladen und erlitt während derselben verschiedene Beschädigungen an der Takelage, machte auch beim Passiren der Barre wiederholt heftige Stöße und war schon während dieser Reise der Fockmast gesackt.

4. Die „Leonore" verblieb sodann in den südamerikanischen Gewässern, war namentlich noch wiederholt in Rio Grande do Sul und hat beim Passiren der dortigen Barre ebenfalls einige Male gestoßen. Dabei ist bis zum 23. August 1884, an welchem Tage der seitherige Schiffsführer Baumann verstarb, für den Unterhalt des Schiffes überhaupt nichts geschehen.

5. Letzteres wird sowohl von dem Schiffer Kolthoff, welcher als Steuermann unter Baumann gefahren hatte und nach dessen Tode die Führung des Schiffes übernahm, als auch von zwei Matrosen, die sich derzeit am Bord der „Leonore" befunden haben, bekundet, und geben die Letzteren insbesondere noch an, daß sich die Takelage in einem so schlechten Zustande befunden habe, daß sie nicht ohne Gefahr hätten nach oben gehen können. Der Schiffer Kolthoff hat denn freilich in solcher Beziehung nach und nach für Abstellung der vorhandenen Mängel Sorge getragen, Zimmerarbeiten von irgend nennens-

werther Art sind jedoch seit 1881 an der „Leonore" überhaupt nicht gemacht, vielmehr haben sich diese, abgesehen von dem, was der Schiffer Kolthoff in solcher Hinsicht selbst besorgte, darauf beschränkt, daß zweimal ein Zimmermann je einen Tag mit Abdichten des Deckes beschäftigt gewesen ist.

6. Auch hat sich, nachdem die „Leonore" am 15. Mai 1885 auf der Reise nach Pernambuco durch eine schwere Böe wieder verschiedene Beschädigungen an der Takelage erlitten hatte, die damals in Pernambuco stattgehabte Besichtigung auf die Takelage beschränkt, und nahm, nachdem letztere wieder hergestellt war, die „Leonore" sodann in Pernambuco eine nach Rio Grande do Sul bestimmte Ladung Salz und Kokosnüsse ein, mit welcher ihr Tiefgang sich auf 9½ Fuß gegen eine Auswässerung von 2 Fuß stellte.

7. Im Hafen von Pernambuco war das Schiff noch dicht, indem es nur 3 Zoll Wasser in 24 Stunden machte, und ging es dann am 19. Juni mit einer Besatzung von im Ganzen 5 Personen in See. Schon am Tage nach der Ausfahrt begann es jedoch mehr Wasser zu machen, und nahm dies am 22. Juni so zu, daß beständig gepumpt werden mußte. Nach der Angabe des Journals waren einige Nähte im Deck gesprungen, auch hatte sich der Mastkragen gelöst, übrigens aber nahm der Schiffer selbst doch an, daß das Schiff unter Wasser gelitten haben müsse.

8. Am 23. Juni wurde die Backbordpumpe unbrauchbar, doch wurden die Pumpen noch so gut als möglich lenz gehalten, bis am 3. Juli beständig 2 Mann bei den Pumpen beschäftigt sein mußten. Am 5. Juli machte die „Leonore" aber bereits 6 Zoll Wasser per Stunde und wurde deshalb beschlossen, Bahia anzulaufen, wo die „Leonore" auch bereits am folgenden Tage eintraf.

9. Bei der Besichtigung des Schiffes stellte sich nun heraus, daß das Schiff sich überall in den Nähten begeben hatte, das Kupfer an mehreren Stellen fehlte bezw. doch sehr schadhaft war, insbesondere auch der Kiel das Kupfer verloren und in Folge dessen Beschädigungen erlitten hatte. Die Backbordpumpe war unten vollständig entzwei, auch hatte sich das Kielschwein unter dem Fockmast begeben, und erklärten die Besichtiger, daß in das Kielschwein ein neues Stück von 10 Fuß Länge eingelegt, das Kupfer vollständig erneuert und das Schiff überall kalfatert werden müsse.

10. Die Besichtiger schätzten den Werth des Schiffes im damaligen Zustande auf ungefähr 2000000 Reis, und entschloß sich darauf die Rhederei, als sich für dasselbe ein Kaufliebhaber mit einem Gebot

von 4 Contos und 310 Milreis fand, die „Leonore“ für diesen Preis wegzuschlagen.

11. Nach diesen Feststellungen ist der Erhaltung der Seetüchtigkeit der „Leonore“ während deren Aufenthalts in den südamerikanischen Gewässern — namentlich während ihrer Führung durch den verstorbenen Schiffer Baumann — nicht die pflichtmäßige Aufmerksamkeit zugewandt. Trotz der im December 1881 auf der Reise nach Rio Grande do Sul erfolgten Ueberladung und des am Schlusse dieser Reise und später wiederholt vorgekommenen Stoßens auf der Rio Grande-Barre ist eine Revision des Schiffes, wie sie nach den Classificationscertifikaten des Germanischen Lloyd und des Büreau Veritas erforderlich war, seit December 1881 überhaupt nicht wieder vorgenommen, obgleich dazu um so dringendere Veranlassung vorgelegen hätte, als bereits auf der erwähnten ersten Reise nach Rio Grande do Sul der Fockmast gesackt war. Unter solchen Umständen liegt es denn aber auf der Hand, daß Schäden, die sich im Laufe von etwa vier Jahren nothwendig bilden mußten, nach und nach einen weiteren Umfang annahmen und endlich in bedenklicher Weise zu Tage traten; insbesondere dürfte aber auf diese Weise die Entstehung des auf der letzten Reise von Pernambuco eingetretenen Lecks, wenngleich die Ursache desselben mit völliger Sicherheit nicht nachgewiesen erscheint, eine ausreichende Erklärung finden.

12. Im Uebrigen sind Anträge seitens des Reichscommissars nicht gestellt und war dann endlich auch das Anlaufen eines Nothhafens bei der Erheblichkeit des eingetretenen Lecks für völlig gerechtfertigt zu erachten.

## 90. Spruch des Seeamts zu Rostock vom 22. Januar 1886, betreffend den Zusammenstoß der Bark „Max Fischer“ von Rostock mit dem britischen Schraubendampfer „Denham“.

Der Spruch des Seeamts lautet:

Der am 13. November 1885 im Kattegat erfolgte Zusammenstoß der Bark „Max Fischer“ mit dem britischen Dampfer „Denham“, welcher das Sinken der ersteren zur Folge hatte, ist dadurch verursacht, daß man am Bord des „Denham“ den „Max Fischer“ zu spät gewahrte. Der letztere hat die

Vorschriften der Kaiserlichen Verordnung zur Verhütung des Zusammenstoßens der Schiffe auf See vom 7. Januar 1880 genau befolgt und trifft daher Niemanden von der Besatzung desselben ein Verschulden an dem vorliegenden Seeunfalle.

Gründe. I. In heutiger Hauptverhandlung ist zunächst auf Grund der Registerakten und der Aussagen des Schiffers Maass, des Steuermanns Voss, des Bootsmanns Both, des Zimmermanns Seeger und der Matrosen Eschner, Natzke und Rück, von denen die 5 letzteren eidlich vernommen sind, Folgendes thatsächlich festgestellt:

1. Die in Rostock beheimathete Bark „Max Fischer", Unterscheidungssignal MDHR, ein zu 1752 cbm = 618,45 britischen Register-Tons Netto-Raumgehalt vermessenes Schiff, ist im Jahre 1868 zu Granville in New-Schottland aus Fichtenholz erbaut, hat bis zum April 1879 unter englischer Flagge gefahren und ist dann mit Inventar für 20500 M. an eine hiesige Rhederei verkauft worden. Seitdem hat Schiffer Joh. Richard Maass aus Wustrow sie geführt, welcher mit 193/360 als Rheder am Schiffe betheiligt und mit seinen Parten ungefähr zur Hälfte versichert war. Die Bark war ein wohlerhaltenes, durchaus seetüchtiges Schiff.

2. Am 13. November 1885 befand sich dieselbe auf der Reise von Bristol nach Kopenhagen mit einer Ladung Coaks im Kattegat. Die Besatzung bestand einschließlich des geprüften Steuermanns Peter Voss aus Wustrow aus 11 Personen; das Schiff war in jeder Beziehung gut ausgerüstet. Insbesondere waren die Seitenlaternen von bester Beschaffenheit. Als die Bark 1879 in den Besitz der hiesigen Rhederei überging, waren dieselben gerade erst neu angeschafft worden, und mit dem Schiffe ward damals den Käufern ein Attest des Board of Trade über deren gute Qualität übergeben. Nachmittags 2 Uhr passirte die Bark das Feuerschiff von Anholt in unmittelbarer Nähe und lag sodann bei frischer Brise aus SW zwischen SzO und SSO an. Alle dienlichen Segel standen und die Fahrt betrug 4½ Seemeilen in der Stunde. Nachmittags 3 Uhr wurde das genannte Feuerschiff zuletzt in NNW und in ungefähr 3 Seemeilen Abstand gepeilt. Die Luft war trübe, aber feuersichtig bei bedecktem Himmel. Nachmittags 4 Uhr wurden die Seitenlaternen angezündet, welche hell brannten. Der Steuermann hatte die Wache, aber von 4 Uhr 15 Minuten an befand sich auch der Schiffer, welcher seit Mittags 12 Uhr

in seiner Cajüte gewesen war, wieder auf Deck. Abends 5 Uhr 30 Minuten ging die Bark unweit des Großen Mittelgrund über Stag und lag von da an mit ungefähr WNWCurs mit Backbordhalsen. Eine Stunde später ward dieselbe von dem Schraubendampfer „Denham" aus Newcastle, Schiffer Lambert, an Steuerbordseite, dicht hinter den Fockwanten, angerannt und dermaßen beschädigt, daß sie schnell zu sinken begann und die Besatzung kaum noch Zeit hatte, sich mit ihrem eigenen Boote an Bord des „Denham" abzubergen und so das nackte Leben zu retten.

II. Ueber die der Collision voraufgehenden und nachfolgenden Vorgänge haben

1. die zur Besatzung der Bark gehörigen Leute nachstehendermaßen übereinstimmend ausgesagt:

Abends 6 Uhr 15 Minuten meldete der Matrose Natzke, welcher auf dem Ausguck stand, dem Steuermann, daß ungefähr 5 Strich an Steuerbordseite voraus 2 helle Feuer sichtbar seien. Der Schiffer sah durch den Nachtgucker und erkannte die Toplichter zweier Dampfer. Gleich darauf kamen auch die rothen Seitenlichter derselben in Sicht. Der damalige Abstand von jenen Dampfern war nicht genau zu bestimmen, aber es verflossen bis zu der demnächstigen Collision noch etwa 10 Minuten. Die Bark lag voll beim Winde und behielt ihren Curs unverändert frei. Ungefähr um 6 Uhr 20 Minuten kam die andere Wache an Deck, weil die Mannschaft das Bramsegel festmachen und dann zu Abend essen sollte. Inzwischen war der eine der beiden Dampfer der Bark bereits sehr nahe gekommen, wiewohl vom Schiffskörper nur noch wenig zu sehen war. Der Dampfer befand sich um jene Zeit ungefähr 4 bis 5 Striche an Steuerbordseite voraus, während der zweite Dampfer schon ziemlich recht voraus gesichtet wurde. Schiffer Maass ließ nun die Schiffsglocke läuten, um den erstgenannten Dampfer auf die Bark aufmerksam zu machen. Derselbe hielt aber seinen auf die letztere zu gerichteten Curs immer noch fest. Als er in Rufweite gekommen war, rief man ihm von der Bark aus zu, er solle stoppen und rückwärts gehen. Der Abstand beider Schiffe von einander betrug damals nur noch wenige Schiffslängen. Von dem Dampfer, welcher mit voller Kraft zu laufen schien, ward zurückgerufen, man könne nicht mehr stoppen. Auch jetzt noch behielt die Bark ihren Curs auf das genaueste bei, wozu Schiffer Maass durch die Erwägung bewogen sein will,

> daß er, wenn er hätte vor dem Winde abfallen wollen, in den Dampfer hineingelaufen sein würde und daß er bei einem ohnehin nicht so schnell ausführbaren Ueberstaggehen dem Dampfer den Anblick des grünen Lichtes der Bark und damit die Möglichkeit, deren Standort genau zu erkennen, entzogen hätte.

Schon wenige Augenblicke darauf erfolgte der Zusammenstoß, welcher ein so gewaltiger war, daß sich die Bark trotz des kräftigen Windes ein wenig nach Backbord, also nach der Luvseite, überlegte und mit dem Bug fast nach West gedrängt wurde.

Schiffer Maass befahl sofort, die Schaluppe fertig zu machen, und eilte, als der Dampfer schnell wieder von der Bark frei kam, an die Collisionsstelle, um sich von dem Umfang des Schadens zu überzeugen. Als er mit vieler Mühe über die Splitter der Regeling und Nagelbank und sonstige Trümmer hinweg dorthin gelangte, fand er an Steuerbordseite nahe den Fockwanten ein Loch von ungefähr 1 m Breite, welches soweit hinunter ging, als er sehen konnte, und hörte deutlich das Wasser dort einströmen. Jetzt befahl er, die Schaluppe zu Wasser zu bringen, und rief dem Dampfer zu, er solle bei ihnen bleiben, weil sie jeden Augenblick sinken könnten.

Während die Bark, welche sich inzwischen nach Steuerbordseite übergelegt hatte, vorne mehr und mehr wegsank, mußte dieselbe erst noch einem anderen Schiffe ausweichen, welches an Steuerbordseite in Sicht gekommen war. Dann beorderte Schiffer Maass seine gesammte Mannschaft in das inmittelst zu Wasser gebrachte Boot, während er selbst noch in die Cajüte eilte, um die Schiffspapiere zu retten. Kaum hatte er aber dieselbe betreten, als der Steuermann rief, er solle kommen, da die Bark im Begriffe sei, zu sinken. Er riß daher nur noch aus dem offenstehenden Kleiderschranke seinen Ueberzieher an sich, ergriff seine Taschenuhr und sprang dann, nachdem er zuvor noch das Ruder hart Steuerbord gelegt hatte, um das Schiff mit dem Bug in den Wind zu bringen und so dessen Fahrt zu hemmen, zu den Uebrigen in das Boot, mit welchem die Schiffbrüchigen nun auf den etwa

½ Seemeile in OSO von ihnen abliegenden „Denham" zuhielten. Damals sahen sie die Bark noch ganz deutlich, als sie aber etwa zur Hälfte an den Dampfer heran waren, entschwand dieselbe ihren Blicken. Sie gelangten alsdann glücklich an Bord des „Denham". Schiffer Maass bat den Führer des letzteren, er möge noch ein wenig in der Richtung der Bark hinhalten lassen, was dieser jedoch mit dem Bemerken ablehnte, daß er, da sein Schiff selbst Schaden genommen habe, so schnell als möglich einen Hafen aufsuchen müsse. Der „Denham" hatte denn auch an Backbordsbug ein ziemlich großes Loch und konnte nicht mehr mit voller Kraft fahren, weshalb er auch erst am Vormittage des folgenden Tages Kopenhagen erreichte, wo die Schiffbrüchigen gelandet wurden. Unterwegs äußerte Schiffer Lambert zu Schiffer Maass, er habe vor der Collision eine Böe gehabt und deshalb das Seitenlicht der Bark zu spät gesehen, eine Behauptung, welche Schiffer Maass indeß als leere Ausflucht bezeichnet hat, weil man auf der Bark, wo man sie doch bei der gegenseitigen Position beider Schiffe zu einander zuerst hätte haben müssen, von einer Böe überall nichts bemerkt und die Lichter des Dampfers ohne Unterbrechung gesichtet habe.

2. Dagegen heißt es in dem von dem Schiffer, dem Steuermann, dem 1. Maschinisten und 3 Matrosen des „Denham" am 18. November 1885 zum Protokolle des englischen Consuls in Kopenhagen niedergelegten Proteste wie nachsteht:

Am 13. November Nachmittags 4 Uhr habe der auf der Reise von der Tyne nach Libau mit Kohlen befindliche Dampfer, ein Schiff von 560 Register-Tons, Anholt-Feuerschiff in W½S und in einem Abstand von etwa ½ Seemeile passirt. Der Wind habe ziemlich stark aus SW geweht und die Luft sei zuweilen dick von Regen gewesen. Man habe S½O gesteuert. Nachmittags 5 Uhr 30 Minuten, während die Seitenlaternen hell gebrannt hätten, sei vom Ausguckmann, welcher sich der hohen See halber vorne nicht habe halten können, und sich daher zusammen mit dem Schiffer und Steuermann auf der Commandobrücke befunden habe, plötzlich über Backbordbug ein Licht bemerkt worden, welches gleich darauf von allen auf der Brücke Befindlichen als ein grünes erkannt worden sei. Der Schiffer habe sofort „Hart Steuerbord" commandirt und zugleich die Maschine stoppen lassen, um ein schnelles Ueberbringen des Ruders zu ermöglichen. Als letzteres geschehen, sei die Maschine wieder in Gang gesetzt worden, allein dieselbe habe noch nicht 3 bis 4 Schläge gemacht gehabt, als man erkannt habe, daß eine Collision unvermeidlich sei. Denn damals habe man bereits sowohl die Segel wie den Rumpf des fremden Schiffes deutlich erkannt. Man habe daher die Maschine nunmehr mit voller Kraft rückwärts gehen lassen. Aber schon nach etwa einer Minute sei der Zusammenstoß mit dem fremden Schiffe, der Bark „Max Fischer", erfolgt, welche WNW angelegen habe und nach der Collision nach Backbord abgefallen sei. Auf dem Dampfer habe man die Boote fertig gemacht und sei dann in der Richtung auf die Bark zu vorwärts gegangen, deren Besatzung sich bald darauf mit dem eigenen Boote an Bord des „Denham" geborgen habe. Der letztere, welcher erheblich an Backbordsbug beschädigt gewesen sei, habe sodann langsam seine Reise fortgesetzt und sei am folgenden Tage Vormittags auf Kopenhagen-Rhede eingetroffen, um dort zu repariren.

III. Der Dampfer „Denham" ist in Kopenhagen von einer Sachverständigen-Commission besichtigt. Nach dem dem Seeamte durch Vermittelung des deutschen Consulats daselbst abschriftlich mitgetheilten Besichtigungs-Protokolle waren 4 Stevenplatten an Backbordseite und eine an Steuerbordseite beschädigt, das Kabelgatt voll Wasser, und hatte sich sowohl das Vorderdeck wie ein Theil des Hauptdeckes begeben.

Inhalts eines von Schiffer Maaß in der Hauptverhandlung überreichten, an ihn gerichteten Briefes des von ihm in London angenommenen Sachwaltes hat sich diesem gegenüber die Rhederei des „Denham" zum vollen Schadensersatz bereit erklärt.

IV. Das Seeamt hat seiner Beurtheilung des vorliegenden Falles die thatsächlichen Feststellungen, die Aussagen der Besatzung der Bark, welche in allen wesentlichen Punkten durch den Seeprotest des „Denham" unterstützt werden, grundleglich gemacht. Darnach ist als erwiesen anzusehen, daß die Seitenlaternen des „Max Fischer" bereits Nachmittags 4 Uhr angezündet wurden und zur Zeit der Collision hell brannten, sowie weiter, daß die Bark ihren Curs unverändert festhielt. Daß die letztere bald nach dem Zusammenstoße gesunken ist, kann bei der Schwere des ihr durch denselben beigebrachten Leckes nicht bezweifelt werden.

Nach Artikel 17 der Kaiserlichen Verordnung zur Verhütung

des Zusammenstoßens der Schiffe auf See vom 7. Januar 1880, welche internationale Geltung hat, muß, wenn ein Dampfschiff und ein Segelschiff in solchen Richtungen fahren, daß für sie Gefahr des Zusammenstoßens entsteht, das Dampfschiff dem Segelschiffe aus dem Wege gehen, während dieses letztere nach Artikel 22 seinen Curs beizubehalten hat und nach Artikel 23 von demselben nur dann abweichen darf, wenn dies zur Abwendung unmittelbarer Gefahr durch den Eintritt besonderer Umstände nothwendig wird.

Diesen gesetzlichen Vorschriften entspricht das Verhalten der Bark insofern, als sie bis zuletzt bei ihrem Curs geblieben ist, und es erübrigt bezüglich ihrer nur noch die Erörterung der Frage, ob sie nicht nach der Bestimmung im Artikel 23 der citirten Verordnung, um die Collision abzuwenden oder weniger verderblich zu machen, noch im letzten Augenblicke ihren Curs hätte verändern müssen. Diese Frage ist zu verneinen. Denn wäre die Bark vor dem Winde abgefallen, so würde ein Zusammenstoß erst recht unvermeidlich geworden und dann wahrscheinlich Steven auf Steven erfolgt sein, und hätte sie versuchen wollen, über Stag zu gehen, so würde sie dem „Denham" den Anblick ihres grünen Seitenlichtes und damit ein nothwendiges Mittel zur Orientirung entzogen haben.

Hiernach kann nicht bezweifelt werden, daß man auf der Bark durchaus richtig und den gesetzlichen Vorschriften gemäß gehandelt hat. Es war daher, wie geschehen, vom Seeamte auszusprechen, daß niemanden von der Besatzung derselben ein Verschulden an dem vorliegenden Unfall treffe.

Was dagegen den „Denham" betrifft, so geht aus dessen Seeprotest ohne Weiteres hervor, daß man an Bord dieses Schiffes das grüne Seitenlicht der Bark zu spät und erst dann gewahrte, als ein Ausweichen nicht mehr möglich war. Hierin war denn auch die eigentliche Ursache der Collision zu erblicken.

Aus welchem Grunde man das Seitenlicht der Bark zu spät gewahrte, ob nicht sorgfältiger Ausguck gehalten oder ob wirklich eine Böe über den Dampfer hinweggegangen ist und ihm für längere Zeit die Möglichkeit, das Licht der Bark zu sehen, benommen hat, kann hier dahingestellt bleiben, da es nicht die Aufgabe des Seeamts ist, über eine etwaige Schuld auf Seiten des fremden Schiffes zu entscheiden.

Anlangend endlich den Verlust des Schiffsjournals der Bark, so wird derselbe durch die Umstände entschuldigt, und es kann dem Schiffer Maass daraus, daß er nach dem Warnungsruf des Steuermanns die beabsichtigte Rettung jenes wichtigen Dokuments unterließ, kein Vorwurf gemacht werden.

## 91. Spruch des Seeamts zu Bremerhaven vom 30. Januar 1886, betreffend den Zusammenstoß des Schraubendampfers „Walkyre" von Bremen mit dem britischen Schraubendampfer „Mary Lohden".

Der Spruch des Seeamts lautet:

Das Seeamt ist auf Grund der stattgehabten Ermittelungen zu der Ansicht gelangt, daß der am 17. November 1885 stattgehabte Zusammenstoß des deutschen Dampfers „Walkyre" mit dem englischen Dampfer „Mary Lohden", welcher den Verlust des erstgenannten Dampfers zur Folge gehabt hat, durch falsche Manöver des Dampfers „Mary Lohden" verursacht ist.

Es ist zu tadeln, daß der wachthabende Steuermann Böwe unmittelbar nach dem Zusammenstoß seinen Posten auf der Brücke des Dampfers „Walkyre" und das Schiff selbst ohne triftigen Grund verlassen hat und auf den Dampfer „Mary Lohden" hinüber gesprungen ist.

Wegen des Aufgebens des Dampfers „Walkyre" ist ein Vorwurf nicht zu erheben.

Gründe. Der eiserne Schraubendampfer „Walkyre", Unterscheidungssignal QDNP, war im Jahre 1882 bei H. F. Ulrichs in Vegesack erbaut, hatte einen Netto-Raumgehalt von 1394,3 cbm oder 492,18 britischen Register-Tons und war mit einer Zwillingsmaschine, deren Kraft sich auf 300 indizirte Pferdestärken belief, und einem Feuerbüchsenkessel mit vorgehenden Heizrohren versehen. Das Schiff gehörte zur Rhederei von H. Vogemann in Vegesack, stand seit dem Jahre 1884 unter Führung des Schiffers Diedrich Petersen und hatte einschließlich desselben eine Besatzung von 14 Mann. Das Schiff führte im Büreau Veritas die Classe I 3/3 G. 1. 1.

Als am 17. November 1885 der Zusammenstoß mit dem britischen Dampfer „Mary Lohden" aus West-Hartlepool stattfand, befand sich der Dampfer „Walkyre" auf der Reise von Königsberg nach Bremen. Die Ladung bestand aus etwa 210 Standard Balken und Spundbohlen, von welchen etwa 170 Standard unter Deck und der Rest auf Deck untergebracht war. Der Tiefgang betrug 10 Fuß 10 Zoll vorn und

14 Fuß 3 Zoll hinten. Es war auf der „Walkyre“ üblich, hinten einige Fuß tiefer zu laden als vorn, weil die Kohlenbunker sich hinten im Schiff befanden und der Tiefgang hinten in Folge des Kohlenverbrauchs täglich um 2 Zoll geringer wurde.

Die Abfahrt von Königsberg erfolgte am 15. November 1885. Bis zum 17. November verlief die Reise günstig. An diesem Tage hatte der Steuermann Böwe die Nachmittagswachen. Der Schiffer begab sich um 1 Uhr 30 Minuten zur Koje, nachdem er zuvor dem Steuermann gesagt hatte, er solle den seit Mittag gesteuerten Curs NzW ½W mißweisend vorläufig weiter steuern und später, je nachdem wie er Anholt-Feuer in Sicht bekomme, entweder von demselben ab oder auf dasselbe zu halten. Der Schiffer ist dann bis zum Zusammenstoß nicht wieder auf Deck gewesen.

Gegen 5 Uhr kam Anholt-Feuer einen Strich an Steuerbord in Sicht, worauf der Curs auf N½W mißweisend umgeändert wurde. Dieser Curs ist nach bestimmter Versicherung des Steuermanns fortwährend genau innegehalten, wogegen nach Aussage des Matrosen Sassen, welcher von 4 Uhr an das Ruder bedient hat, N¼W gesteuert sein soll. Der Wind war WNW. Es war helle, leicht bewölkte Luft und Mondschein.

Nach Ansicht des Steuermanns waren am Abend dunkele Gegenstände auf einer Entfernung von 1 Seemeile sichtbar. Die vorschriftsmäßigen Laternen brannten seit 4 Uhr 30 Minuten.

Die benutzten Laternen befanden sich seit der Erbauung des Schiffes an Bord, waren damals von Fischer in Bremerhaven neu geliefert, hatten immer gut gebrannt und befanden sich nach Angabe mehrerer Zeugen in bestem Zustande. Es wurde Petroleum auf denselben gebrannt. Es war die Anordnung getroffen, daß die Laternen etwa ¼ Stunde vor dem Ausbringen angesteckt werden mußten, um sich vorher davon zu überzeugen, daß sie nicht zu hoch oder zu niedrig brannten. So war auch am fraglichen Abend verfahren. Das Ausbringen hatte der Matrose Stiermann unter Hülfeleistung des Heizers Reckhardt besorgt. Die Toplaterne hing am Fockstag, nach Angabe des Schiffers etwa 40, nach Angabe des Steuermanns etwa 25 Fuß hoch über Deck und derartig frei, daß sie durch nichts verdeckt werden konnte. Segel wurden am fraglichen Abend nicht geführt. — Auch nach dem Insichtkommen der „Mary Lohden“ haben sowohl der Steuermann als der Matrose Stiermann ihrer Aussage zufolge sich davon überzeugt, daß die Laternen und insbesondere auch die Toplaterne hell brannten. Ferner haben Steuermann Böwe, Maschinist

Steinvorth, Matrose Sassen, Koch Runge und Heizer Reckhardt angegeben, daß sie noch nach dem Zusammenstoß und zwar theils vom Boot aus während der Ueberfahrt zu der „Mary Lohden", theils von der letzteren aus bemerkt hätten, daß das Toplicht der „Walkyre" hell brenne.

Um 5 Uhr 10 Minuten kam ungefähr 2 Strich an Steuerbord das Toplicht und gleich darauf auch das grüne Licht eines Dampfers — welcher sich später als der englische Dampfer „Mary Lohden" aus West-Hartlepool herausstellte — in Sicht. Der Steuermann, welcher sich auf der Brücke befand, behielt die Lichter des fremden Dampfers fortwährend im Auge. Etwa 5 Minuten nach dem ersten Erblicken zeigte der noch immer an Steuerbord befindliche fremde Dampfer, nachdem für einen Augenblick beide Seitenlichter desselben bemerkt worden waren, nur das rothe Seitenlicht. Böwe gab nunmehr Backbordruder, ließ die „Mary Lohden" etwa 2 Strich an Backbord kommen und das Ruder dann stützen. Nachdem die rothen Lichter beider Schiffe etwa 2 Minuten lang einander gegenüber gestanden hatten, kamen beide Seitenlichter der „Mary Lohden" in Sicht, worauf Böwe „mehr Backbord" und, als das rothe Licht nach kurzer Zeit verschwand, „hart Backbord" commandirte. Das letztere Commando wurde 1 bis 1½ Minuten vor der Collision gegeben und binnen ganz kurzer Zeit ausgeführt, da dem am Ruder befindlichen Matrosen inzwischen 2 Mann zu Hülfe gesprungen waren. Weil der Steuermann bemerkte, daß der fremde Dampfer, welcher in Folge der Rudermanöver der „Walkyre" etwa dwars von derselben gekommen war, sich bedenklich näherten, zeigte er durch einen Pfiff mit der Dampfpfeife an, daß er den Curs nach Steuerbord gerichtet habe, und als er keine Aenderung in der Lage des anderen Dampfers beobachtete, wiederholte er den Pfiff. Kurz darauf rannte die „Mary Lohden" die „Walkyre" an deren Backbordseite hinter dem Fockwant in einem Winkel von 5 bis 6 Strich von hinten an. Die „Walkyre" war bis zum letzten Augenblick mit voller Kraft 6½ bis 7 Knoten gefahren, weil man hoffte, auf diese Weise noch vor der „Mary Lohden" vorüberzukommen.

Die obige Darstellung der Ereignisse bis zum Zusammenstoß ist den Aussagen der von der Besatzung des Dampfers „Walkyre" vernommenen Personen: Schiffer Petersen, Steuermann Böwe, Zimmermann Bauer, Koch Runge, Matrose Stiermann, Heizer Reckhardt, Matrose Sassen und Maschinist Steinvorth entnommen. Die 6 erstgenannten Zeugen sind vor dem Seeamt und zwar der Schiffer und

Steuermann unbeeidigt, die übrigen eidlich, der Matrose Sassen ist eidlich durch den Vorsitzenden des Seeamts und der Maschinist Steinvorth gleichfalls eidlich durch das Seegericht in Helsingör vernommen. Von der Aussage des Letztgenannten liegt Uebersetzung des beeidigten Uebersetzers Schmidt in Helsingör vor.

Die vor dem Seegericht in Helsingör vernommenen Personen von der Besatzung des Dampfers „Mary Lohden" haben wesentlich abweichende Angaben gemacht. Es liegen dem Seeamt in einer Privatübersetzung die Aussagen des ersten Steuermanns, des zweiten Steuermanns, des Bootsmanns Mc. Lean, der Matrosen Larsen, Smith, Carr und Brown und des Maschinisten Kruse vor. Nach Auskunft des Schiffers Petersen sind diese Zeugen sämmtlich auf ihre Aussage beeidigt. Ferner ist eine Privatübersetzung der scheinbar jedoch nur von dem Führer der „Mary Lohden", Schiffer Ralson, beim Seegericht in Helsingör abgelegten Verklarung zu den Akten gelangt.

Nach der seitens der Zeugen von der „Mary Lohden" gemachten Angabe hatte auf letzterer am 17. November 1885 der zweite Steuermann von 5 Uhr Abends an Wache und stand auf der Brücke. Der Schiffer und der erste Steuermann waren unter Deck; der Matrose Larsen war vorn auf Ausguck, der Bootsmann Mc. Lean bediente das Ruder. Das Steuerrad befindet sich auf der Brücke. Das Schiff lag auf SzOCurs und hatte eine Fahrt von etwa 8 Knoten. Die Lichter — Toplicht und Seitenlichter — brannten vorschriftsmäßig.

Der zweite Steuermann der „Mary Lohden" hat den Sachverhalt folgendermaßen dargestellt: Etwa 10 Minuten vor dem Zusammenstoß habe er ungefähr 1 ½ Strich an Backbord voraus ein grünes Licht gesehen. Ein Toplicht sei weder damals noch überhaupt in Sicht gekommen und habe er deshalb angenommen, ein Segelschiff vor sich zu haben. Nach dem Erblicken des grünen Lichts habe er Steuerbordruder gegeben, und die Schiffe hätten sodann 6 bis 7 Minuten lang, während welcher Zeit das Ruder fortwährend etwas Steuerbord gehalten sei, grün gegen grün gelegen, bis plötzlich in einer Entfernung von 5 bis 6 Schiffslängen das rothe Licht des fremden Schiffes über Steuerbordbug in Sicht gekommen sei. Er habe nunmehr eine Vorstellung davon bekommen, daß das fremde Schiff ein Dampfer sei, und habe, davon ausgehend, daß eine Collision stattfinden müsse, „langsam" commandirt. Kurz darauf sei der Zusammenstoß erfolgt. Andere Commandos als die bezeichneten seien nicht gegeben, die bezeichneten seien prompt ausgeführt.

Mit der obigen Darstellung des zweiten Steuermanns stimmen die Angaben der Verklarung im Wesentlichen überein. Der Maschinist Kruse hat ferner bestätigt, daß kurze Zeit vor dem Zusammenstoß das Commando „langsam" gegeben und auch sofort ausgeführt sei. Nach Angabe von Kruse ist das Commando einige Minuten vor der Collision erfolgt. Auch die Aussagen der Zeugen Mc. Lean, Larsen, Smith, Carr und Brown stimmen insofern mit der Aussage des zweiten Steuermanns überein, als diese Zeugen eine Toplaterne der „Walkyre" weder vor noch nach der Collision gesehen haben wollen und sich ferner dahin ausgesprochen haben, daß sie die Toplaterne bemerkt haben würden, wenn sie gebrannt hätte. Abgesehen hiervon sind die Aussagen der übrigen Zeugen mit derjenigen des zweiten Steuermanns nur theilweise in Einklang zu bringen. Namentlich abweichend ist die Aussage des auf Ausguck gewesenen Matrosen Larsen. Derselbe hat Folgendes angegeben: Er habe auf der Back gestanden und zuerst die grüne Laterne des fremden Schiffes ungefähr einen Strich über Steuerbordbug bemerkt. Einige Minuten später habe er die grüne Laterne über Backbordbug gesehen, ohne sagen zu können, ob die „Mary Lohden" inzwischen ihren Curs geändert habe. Wiederum einige Minuten später sei die rothe Laterne des fremden Schiffes kurze Zeit über Backbordbug sichtbar gewesen. Die „Mary Lohden" sei dann abgefallen, so daß das rothe Licht des fremden Dampfers über Steuerbordbug zu sehen gewesen sei, und nunmehr sei er gewahr geworden, daß das fremde Schiff ein Dampfer sei. Derselbe habe auch eine Dampfpfeife hören lassen, damals sei die Collision aber schon nahe bevorstehend gewesen.

Die Richtigkeit der Aussage von Larsen über das erste Erblicken der „Walkyre" gewinnt an Wahrscheinlichkeit durch die Aussagen der Matrosen Carr und Smith, daß sie das Ausrufen eines grünen Lichts über Steuerbord gehört und die weitere Aussage von Carr, daß er beim Hinaustreten dies gleichfalls gesehen habe. Auch die Aussage des am Ruder gewesenen Bootsmanns Mc. Lean spricht eher zu Gunsten der Aussage von Larsen als der des zweiten Steuermanns. Mc. Lean hat nämlich angegeben: „Der Ausguckmann habe ein grünes Licht gemeldet und in demselben Augenblick habe der Steuermann „Ruder hart Backbord" commandirt, welchem Befehl Zeuge sofort nachgekommen sei, so daß grün gegen grün gezeigt sei. Ob das grüne Licht zuerst über Backbordbug gesehen sei, wisse er nicht, er habe es nur über Steuerbord gesehen." Der Matrose Brown hat sich garnicht darüber geäußert, ob er das grüne Licht der „Walkyre" zuerst an

Backbord oder Steuerbord gesehen habe, und der Maschinist Kruse hat überhaupt nichts von den Lichtern der „Walkyre" gesehen.

Im Uebrigen ist aus den Aussagen der Zeugen von der „Mary Lohden" noch Folgendes bemerkenswerth. Die Matrosen Smith und Carr haben ausgesagt, daß sie wenige Minuten vor dem Zusammenstoß — Carr giebt an in 9 bis 10 Schiffslängen Entfernung — das rothe Licht der „Walkyre" an Steuerbord erblickt und gleichzeitig erkannt hätten, daß das fremde Schiff ein Dampfer sei; sie hätten damals die Collision für unvermeidlich gehalten. Der Bootsmann Mc. Lean hat zwar die rothe Laterne der „Walkyre" nicht gesehen, hat aber seiner Angabe zufolge gleichfalls einige Minuten vor dem Zusammenstoß bemerkt, daß das fremde Schiff ein Dampfer ohne Toplaterne sei, und hat dies dem Steuermann gemeldet. — Weitere relevante Angaben, aus welchen Schlüsse in Betreff der Manöver der beiden Schiffe vor dem Zusammenstoß gezogen werden könnten, sind seitens der Zeugen von der „Mary Lohden" nicht gemacht.

Unmittelbar nach dem Zusammenstoß wurde auf der „Mary Lohden" nach der Maschine das Commando „stopp" gegeben. Der Steuermann Böwe wollte auf der „Walkyre" auch „stopp" telegraphiren, es ist jedoch constatirt worden, daß er irrthümlich den Telegraphen auf „langsam" gedreht hat. Die „Mary Lohden" klappte gleich nach dem Zusammenstoß nach hinten, legte sich kurze Zeit längsseit von der „Walkyre" und kam dann frei. Der Steuermann Böwe verließ, nachdem er den Maschinentelegraphen auf langsam gestellt hatte, die Brücke und sprang auf die „Mary Lohden" über, angeblich deshalb, um den Namen des fremden Dampfers festzustellen. Außer ihm sprangen der Koch, ein Heizer und der Junge hinüber. Der Führer der „Walkyre", Schiffer Petersen, eilte nach erfolgter Collision sofort aus der Cajüte auf die Brücke, auf welcher der Steuermann sich damals nicht mehr befand, und stellte den Telegraphen von „langsam" auf „stopp". Er machte dann die Beobachtung, daß das Schiff vorn schnell wegsank und befahl deshalb, die Boote klar zu machen. Nachdem dies geschehen war, begaben die noch an Bord befindlichen Leute sich in die Boote, um nach dem fremden Dampfer hinüberzufahren. Auf halbem Wege begegnete ihnen auf einem Boote der „Mary Lohden" der Steuermann Böwe, welcher dem Schiffer des fremden Dampfers inzwischen die Nothwendigkeit, in der Nähe der „Walkyre" zu bleiben, vorgestellt hatte, und darauf von diesem zum Hinüberfahren nach der „Walkyre" veranlaßt war, um den Schiffer Petersen zu holen. Alle begaben sich sodann nach der „Mary Lohden".

Nachdem der englische Schiffer Bedenken geäußert hatte, die „Walkyre" ins Schlepptau zu nehmen, kamen die beiden Schiffsführer überein, daß Schiffer Petersen zunächst nach der „Walkyre" zurückfahren und den Zustand sowie die Manövrirfähigkeit des Schiffes feststellen solle. Demzufolge begaben sich Schiffer Petersen, Steuermann Böwe, Maschinist Steinvorth, der Zimmermann, zwei Matrosen und ein Heizer nach dem Dampfer „Walkyre" zurück. Als dies geschah, war etwa eine Stunde seit dem Zusammenstoß verflossen. Die „Walkyre" lag stark nach Backbord über und mit dem Vorderdeck unter Wasser. Der Maschinenraum war noch frei von Wasser, die Feuer waren aber erloschen, und das Wasserstandsglas zeigte kein Wasser mehr. Der Maschinist Steinvorth hat hierzu bemerkt, daß noch Wasser im Kessel gewesen sein müsse, daß aber in Folge Sinkens des vorderen Theils des Schiffes alles Wasser nach vorne gelaufen sein werde. Nach Ansicht des Maschinisten wären 4 Stunden erforderlich gewesen, um wieder Dampf zu bekommen. Als die Leute eine Weile an Bord der „Walkyre" gewesen waren, gab die „Mary Lohden" Zeichen mit der Dampfpfeife und es wurde herüber gerufen, man solle rasch zurückkommen, die „Mary Lohden" wolle auch wegsinken und solle bei Anholt auf Strand gesetzt werden. Der Schiffer Petersen rief nunmehr die Leute, welche sich an Bord der „Walkyre" befanden, zusammen und fragte sie nach ihrer Ansicht über die Lage des Schiffes, worauf alle erklärten, daß nach ihrer Ansicht das Schiff bald wegsinken und abgesehen von einem etwaigen Versuche der „Mary Lohden", dasselbe ins Schlepptau zu nehmen, nichts mehr zu machen sein werde. Man begab sich dann nach der „Mary Lohden" zurück.

Da inzwischen constatirt war, daß letztere ebenfalls in erheblichem Maße Wasser machte, so wollte sich Schiffer Ralson nicht darauf einlassen, die „Walkyre" ins Schlepptau zu nehmen. Er sprach seine Ansicht dahin aus, daß die Besatzung der „Walkyre" namentlich mit Rücksicht darauf, daß die Ladung aus Holz bestehe, unbedenklich an Bord zurückkehren könne und rieth dies dem Schiffer Petersen an. Letzterer ging jedoch auf diesen Vorschlag nicht ein, sondern blieb mit seiner Mannschaft an Bord der „Mary Lohden". Letztere dampfte mit halber Kraft nach Anholt zu und wurde unweit des Landes zu Anker gebracht. Bei einer sodann vorgenommenen Untersuchung wurden im Vorderschiff einige Oeffnungen, durch welche Wasser einströmte, vorgefunden und nothdürftig mit Keilen und Baumwolle gedichtet.

Am Vormittag des 18. November fuhr Schiffer Petersen mit einigen seiner Leute auf einem Fischerboot nach Helsingör, woselbst er für die „Mary Lohden“ Bugsirdampfer besorgte und ferner einen kleinen Dampfer annahm, mit welchem er hinausfuhr, um nach der „Walkyre“ zu suchen. An einer Stelle, von welcher Kullen Süd in etwa 24 Seemeilen Entfernung, Morup NNO Falkenberg NOzN¼N und Tylo-Spitze OSO gepeilt wurde, wurden in 17 Faden Wasser 4 mit einer Kette umschlungene Balken von der Deckladung der „Walkyre“ aufgefunden. Dieselben lagen fest. Es wurde nicht näher untersucht, jedoch für möglich gehalten, daß die „Walkyre“ an dieser Stelle gesunken sei. Dieselbe befindet sich 10 bis 12 Seemeilen von derjenigen Stelle entfernt, wo die „Walkyre“ von der Besatzung verlassen war. Zur Zeit des Verlassens des Schiffes war Anholt-Feuer nach Angabe des Schiffers Petersen NzW½W, nach Angabe des Steuermanns Böwe NzW gepeilt unter Abschätzung der Entfernung auf 8 bis 9 Seemeilen.

Die Beurtheilung des dargelegten Sachverhalts wird sehr erschwert durch die erheblichen Widersprüche, welche zwischen einzelnen Aussagen bestehen.

Der hauptsächlichste Widerspruch liegt in Betreff der Frage vor, ob die Toplaterne auf der „Walkyre“ gebrannt bezw. mit hinreichender Helligkeit gebrannt hat oder nicht. Das Seeamt ist hinsichtlich dieses Punktes auf Grund der Aussagen der Zeugen vom Dampfer „Walkyre“ trotz der entgegenstehenden Angaben der Zeugen von der „Mary Lohden“ zu der Ansicht gelangt, daß das Toplicht mit genügender Helligkeit gebrannt hat. Die Aussagen der Zeugen von der „Walkyre“ über diesen Punkt erscheinen dem Seeamt um deswillen vertrauenswürdiger als diejenigen der englischen Zeugen, weil die persönlich vor dem Seeamt vernommenen Zeugen von der „Walkyre“ einen durchaus zuverlässigen Eindruck gemacht haben und weil die Aussagen derselben auch in allen anderen wesentlichen Punkten vollständig übereinstimmend sind, wogegen dies bei den Aussagen der Zeugen von der „Mary Lohden“ nicht in gleicher Weise der Fall ist, letztere vielmehr namentlich in Bezug auf einen später noch zu erörternden wesentlichen Punkt auch untereinander im Widerspruch stehen.

Hat nun, wie die Zeugen von der „Walkyre“ angeben, das Toplicht ihres Schiffes hell gebrannt und hat sogar eine größere Anzahl der Zeugen noch während der Ueberfahrt nach der „Mary Lohden“ bezw. von der letzteren aus eine dahin gehende Beobachtung gemacht, so ist es völlig undenkbar, daß auf der „Mary Lohden“ Niemand das Licht bemerkt hat, und es bleibt dann gegenüber den zutreffend erscheinenden Aussagen der Zeugen von der „Walkyre“

nur die Erklärung übrig, daß mehrere Zeugen von der „Mary Lohden" eine falsche Aussage gemacht haben.

Geht man von der Annahme aus, daß das Toplicht der „Walkyre" gebrannt hat und auf der „Mary Lohden" bemerkt worden ist, und berücksichtigt man, daß es nach den übereinstimmenden Aussagen sämmtlicher Zeugen nicht zweifelhaft sein kann, daß auf der „Mary Lohden" zuerst das grüne Seitenlicht der „Walkyre" in Sicht gekommen ist, so ist auf der „Mary Lohden" unter allen Umständen falsch manövrirt, mag nun die „Walkyre" zuerst auf Backbordseite — wie der zweite Steuermann des englischen Dampfer angiebt — oder auf Steuerbordseite — wie von den englischen Zeugen namentlich Larsen angegeben hat — in Sicht gekommen sein. Im ersteren Falle würde die „Walkyre" die „Mary Lohden" an Steuerbordseite gehabt haben und deshalb zum Ausweichen verpflichtet gewesen sein, während die „Mary Lohden" ihren Curs hätte beibehalten müssen (Art. 16 und 22 der Verordnung vom 7. Januar 1880).

Wäre hingegen die „Walkyre" zuerst auf Steuerbordseite erblickt, so hätte von vornherein grün gegen grün gelegen und es wäre dann durchaus falsch gewesen, den Curs dahin zu verändern, daß das rothe Licht der „Mary Lohden" gegen das grüne Licht der „Walkyre" zu liegen kam, wie dies nach der weiteren Aussage des Matrosen Larsen, welche durch die Aussagen der Zeugen von der „Walkyre" bestätigt wird, geschehen sein soll.

Ginge man davon aus, das Toplicht der „Walkyre" sei auf der „Mary Lohden" nicht bemerkbar gewesen und man habe deshalb auf derselben davon ausgehen müssen, daß das fremde Schiff ein Segelschiff sei, so würde, wenn das grüne Licht der „Walkyre" auf der „Mary Lohden" zuerst 1½ Strich an Backbord erblickt und nach dem Erblicken Steuerbordruder gegeben wäre — wie vom zweiten Steuermann der „Mary Lohden" behauptet wird — gegen dies Manöver nichts einzuwenden sein.

Das Seeamt ist jedoch zu der Ansicht gelangt, daß nicht die Angaben des zweiten Steuermanns, sondern die denselben widersprechenden Angaben des Matrosen Larsen die richtigen sind. Die Angaben des Steuermanns finden nur in Betreff eines Punktes eine Unterstützung durch die Aussage eines anderen Zeugen, nämlich durch die des Bootsmanns Mc. Lean, daß auf der „Mary Lohden" nach dem Insichtkommen des grünen Lichts der „Walkyre" das Commando „hart Steuerbord" gegeben sei. Dagegen wird in Betreff der Frage, an welcher Seite der „Mary Lohden" das grüne Licht der „Walkyre" zuerst erblickt sei, die Angabe des Steuermanns durch keine andere Aussage bestätigt; mehrere Aussagen sprechen vielmehr sehr erheblich zu Gunsten der Richtigkeit der Larsenschen Aussage. Außerdem kommt in Betracht, daß letztere vollständig mit den Angaben, welche die Zeugen von der „Walkyre“ gemacht haben, übereinstimmt. Mit der Aussage des Steuermanns sind auch nicht die Angaben über die gesteuerten Curse vereinbar, da es, wenn auf der „Walkyre“ N½W oder auch — wie der Matrose Sassen angiebt — N¼W — und auf der „Mary Lohden“ SzO gesteuert ist, völlig unmöglich gewesen sein würde, auf der „Mary Lohden“ das grüne Licht der „Walkyre“ an Steuerbord zu sehen. Es müßten mithin, um den vom zweiten Steuermann der „Mary Lohden“ angegebenen Sachverhalt überhaupt möglich erscheinen zu lassen, von einem oder auch von beiden Theilen falsche Angaben über die gesteuerten Curse gemacht sein. Die angeführten Umstände rechtfertigen die Annahme, daß die Angaben des zweiten Steuermanns der „Mary Lohden“ dem wirklichen Sachverhalt nicht entsprechen.

Nimmt man nun die Angabe von Larsen als richtig an, daß das grüne Licht der „Walkyre“ zuerst über Steuerbord und einige Minuten später über Backbord gesehen sei, so würde, auch wenn die „Walkyre“ ein Segelschiff gewesen wäre, auf der „Mary Lohden“ falsch manövrirt sein. Die Verschiebung des grünen Lichtes von Steuerbord nach Backbord wäre in diesem Falle nur durch ein Ueberlegen des Ruders der „Mary Lohden“ nach Backbord zu erklären, und es würde erst durch dies Manöver die Gefahr eines Zusammenstoßes herbeigeführt sein, während vorher, als grün gegen grün lag, keine Gefahr vorhanden war.

Wollte man schließlich annehmen, daß das Toplicht der „Walkyre“ auf der „Mary Lohden“ nicht bemerkbar gewesen und daß auch im Uebrigen die vom zweiten Steuermann der „Mary Lohden“ gegebene Darstellung richtig sei, so würde unter allen Umständen doch der Vorwurf bestehen bleiben, daß auf der „Mary Lohden“ zu der Zeit, als die „Walkyre“ als Dampfer erkannt war und die Collision als unvermeidlich angenommen wurde, anstatt zu stoppen und mit voller Kraft rückwärts zu arbeiten, nur der Befehl zum Langsamfahren gegeben ist. Auf Grund der Aussagen des Bootsmanns Mc. Lean, der Matrosen Smith und Carr und namentlich des Maschinisten Kruse nimmt das Seeamt als erwiesen an, daß das Commando „langsam“ mindestens zwei Minuten vor dem Zusammenstoß erfolgt ist. Unter diesen Umständen erscheint es aber höchst wahrscheinlich, daß die „Walkyre“ vor dem Bug der „Mary Lohden“ vorbeigekommen wäre, wenn auf der letzteren „volle Kraft rückwärts“ anstatt „langsam“ commandirt wäre.

Daß die „Walkyre“ ihre volle Fahrt beibehielt, war richtig, da sie nach Lage der Sache bestrebt sein mußte, noch mit möglichst großer Geschwindigkeit vor der „Mary Lohden“ vorüber zu kommen und, wie bemerkt, wahrscheinlich auch vorüber gekommen sein würde, wenn auf der „Mary Lohden“ richtig manövrirt wäre.

Daß der Steuermann Böwe seinen Posten auf der Brücke und das Schiff verlassen hat, läßt sich in keiner Weise rechtfertigen. Ihm lag damals die Führung des Schiffes ob, sein Posten war auf der Brücke und diesen durfte er nur aus zwingenden Gründen verlassen. Solche haben aber nicht vorgelegen. Der von ihm angeführte Grund kann selbstverständlich als ein zwingender nicht angesehen werden.

Schließlich ist noch hervorzuheben, daß das Verlassen des Schiffes den Umständen nach richtig war. Die Lage desselben war nach übereinstimmender Ansicht derjenigen Personen, welche von der „Mary Lohden“ hinüber gefahren waren, eine außerordentlich bedenkliche, andrerseits wollte aber der Führer der „Mary Lohden“ weder länger an der Stelle des Unfalls bleiben, noch die „Walkyre“ ins Schlepptau nehmen; Schiffer Petersen sah sich unter diesen Umständen vor die Frage gestellt, entweder einen im Erfolg höchst zweifelhaften Versuch zur Rettung des Schiffes zu machen, dabei aber das Leben der Schiffsbesatzung einer ernsten Gefahr auszusetzen, oder von Versuchen zur Rettung des Schiffes Abstand zu nehmen und die sich bietende Gelegenheit zur Rettung der Besatzung zu benutzen. Es kann nicht wohl zweifelhaft sein, daß die von ihm getroffene Entscheidung dieser Frage die richtige gewesen ist. Darauf, daß der Führer der „Mary Lohden“ in Betreff der Lage der „Walkyre“ anderer Ansicht gewesen ist, kann kein besonderes Gewicht gelegt werden, da er selbstverständlich, ohne auf der „Walkyre“ gewesen zu sein, nicht in der Lage war, ein maßgebendes Urtheil über den Zustand derselben zu fällen. Ob die „Walkyre“ an der Stelle, wo später einige Balken von der Deckladung gefunden sind, gesunken und mithin noch 10 bis 12 Seemeilen weiter getrieben ist, ist nicht von entscheidender Bedeutung, da Schiffer Petersen auf Grund der Ansicht, welche er und die von ihm zugezogenen Personen der Besatzung von der Lage des Schiffes und von der Aussicht auf Rettung desselben hatten, seine Entschließung zu treffen hatte und getroffen hat.

Inhalt (Fortsetzung von Seite 2 des Umschlags).

www.ingramcontent.com/pod-product-compliance
Lightning Source LLC
LaVergne TN
LVHW042244300926
849161LV00003B/467